# 나는 나를 지킵니다

# 나는 나를 지킵니다

휘둘리지 않고
서로의 경계를
지키는 법

박진영 지음

우리학교

# 차례

Intro

# 마음도 관계도 선 긋기가 필요하다고요?

나는 나를 지키지 ♥

핸드폰이 계속 조용하면 기분이 어떤가요? 혼자인 시간이 길어지면 우리는 쉽게 외로움을 느낍니다. 반대로 친구들이 내게 관심을 보이거나 함께 있는 시간이 길어지면 즐거우면서도 피곤합니다. 다른 사람의 시선을 신경 쓰고 상대방의 생각을 지나치게 궁금해하며 눈치 보는 스스로가 싫을 때도 많지요.

나에게 자신의 비밀을 털어놓은 친구가 내 비밀도 알고 싶어 하면 어떤가요? 상대방과의 거리가 가까워질수록 부담스러운 마음도 커집니다. 반대로 친구에게 “어, 그건 네가 알아서 해야 할 문제 같은데?”라는 말을 들으면 당황스럽고 서운합니다. 이른바 ‘선’을 긋는 말이니까요.

인간은 관계 속에서 행복감과 소외감을 동시에 느낍니다. 함께 있고 싶지만 선 넘는 관계는 불편하지요. 혼자 있고 싶지만 외로운 건 싫고, 가까워지고 싶지만 너무 가까운 건 부담스럽습니다. 나의 세계를 지키면서도 건강하고 좋은 관계를 맺으려면 어떻게 해야 할까요?

그 방법을 알고 싶다면 먼저 이제껏 살아오면서 가장 즐겁고 행복했던 기억과 반대로 가장 후회되는 기억을 차례로 떠올려 보세요. 그때 어떤 일이 있었나요?

저는 십년지기 친구와 페루 여행을 갔던 일이 떠오릅니다. 2박 3일간 걸어서 마추픽추를 등반하는 힘든 일정이었는데요, 새벽부터 일어나 몇 시간씩 산을 오르다 보니 다리는 후들거리고 땀은 비 오듯 쏟아지는 게 '이젠 정말 못 걷겠어.'라는 생각이 절로 들더군요. 저는 허리춤에 뻥튀기를 달고 있었는데, 순간 그것도 무겁다는 생각이 들었어요. 그래서 친구에게 좀 들어 달라고 했더니 친구가 뻥튀기 봉지를 휙 낚아채면서 "그냥 버려!" 하는 거예요. 그런데 그 순간 "비닐은 안 돼! 안 썩는단 말이야!"라는 말이 절로 나왔어요. 친구는 지친 눈으로 어이없다는 듯 절 쳐다보더니 내팽개친 봉지를 다시 주워서 비닐 포장을 뜯고 뻥튀기만 버렸어요. 나중에 마추픽추에 올라 정신을 차리고 나서야 당시 상황이 너무 우스워서 둘이 한참을 웃었답니다. 정작 페루에서 보았던 멋진 풍경과 신비한 유적들보다 친구와 옥신각신했던 그 순간이 무엇과도 바꿀 수 없는 소중한 추억으로 남아 있습니다.

반대로 가장 후회되는 기억은 힘들어하는 친구에게 잘해 주지 못했던 일, 나의 미숙함과 부족함 때문에 소중한 사람에게 상처를 주었던 기억들입니다.

초등학생 때 같은 반 친구네 집이 불행한 사건으로 뉴스에 나온 적이 있었어요. 저는 그 사실을 모르고 있었는데 다음 날 학교에 갔더니 아이들이 숙덕숙덕 이야기를 하더라고요. 궁금한 마음에 애들 얘기를 들었고, 제가 놀라서 "진짜?"라고 큰 소리로 말하는 순간, 당사자인 친구와 눈이 마주쳤어요. 그 친구는 움츠러들어 보였고 상처받은 것 같았습니다. 경솔하게 남의 어려운 상황을 묻고 멋대로 반응한 제 행동을 사과했어야 했는데, 그 친구는 더 이상 학교에 나오지 않았어요. 나중에 다른 곳으로 전학 갔다는 이야기만 전해 들었습니다. 지금도 종종 그 친구의 눈빛이 생각납니다.

여러 연구에 의하면, 살면서 가장 후회하는 일을 물었을 때 대부분의 사람들이 가족이나 친구 사이에 있었던 사건을 이야기합니다. 직업이나 학업에 대한 후회도 많지만, 주로 인간관계에서 벌어진 일에 대한 후회가 가장 큰 것으로 나타나지요. 그중에도 내가 소중하게 생각하는 사람에게 미움받거나 잘못했을 때의 슬픔과 후회가 더 큽니다.

많은 사람이 인간관계에서 일어난 일을 중요하게 기억하는 것은 그만큼 좋은 관계란 우리가 모두 꼭 지켜야만 할 소중한 무엇이라는 뜻이기도 해요. 실제로 여러 나라에서 많은 사람을 상대로 가장 중요한 목표가 무엇인지 물었을 때 공통적으로 가족, 연인, 친구와 좋은 관계를 유지하고자 하는 관계적 목표가 상위권을 차지했다는 연구 결과가 있습니다.

우리가 살아 있다는 것은 누군가의 사랑과 관심, 헌신이 존재했다는 증거입니다. 인간은 다른 동물에 비해 유난히 무방비 상태로 태어납니다. 태어나서 몇 년이 지나도록 혼자 몸을 움직일 수도 없고, 추위와 배고픔으로부터 스스로를 지킬 수도 없지요. 따라서 우리가 지금까지 살아 있다는 사실은, 곧 태어난 순간부터 상당 기간 누군가가 우리를 보살펴 주었다는 뜻이기도 합니다. 이렇게 주변 사람들의 사랑과 관심이 행복과 건강, 생존에 절대적으로 중요한 요소이기 때문에 우리는 혼자가 되는 것을 아주 싫어하고 타인의 사랑과 관심을 갈구하게 되었습니다.

만약 숨 막힘이나 목마름을 느끼지 않는 동물이 있다면 어떻게 될까요? 아마 숨 쉬거나 물 마시는 것을 잊는 바람에 죽고 말

거예요. 이처럼 생존에 꼭 필요한 무엇이 결핍된 상태를 불쾌하고 두렵게 느끼지 않으면 우리는 살아갈 수 없습니다. 마찬가지로 우리는 관심과 사랑이 없는 상태를 불쾌하고 두렵게 느낍니다. 이것이 우리가 느끼는 소외감, 외로움 같은 감정의 정체입니다. 사랑과 관심, 좋은 인간관계에 대한 갈증이라고나 할까요.

따라서 여러분이 쉽게 소외감이나 외로움을 느끼고 곧잘 삐치거나 소심해진다고 해도 그런 일로 걱정할 필요는 없습니다. 물이 필요해서 갈증을 느끼는 것처럼 자연스러운 일이니까요. 이런 감정들은 단지 여러분에게 지금 믿고 의지할 수 있는 좋은 인간관계가 부족함을 알려 주는 것일 뿐이에요. 지금 외로움과 소외감을 느낀다고 해서 앞으로도 계속 그럴 거라는 얘기는 아닙니다. 마음 맞는 사람을 한 명이라도 만난다면 금방 즐거워질 수 있으니까요. 좋은 친구를 얻고 싶다면 내가 먼저 누군가의 좋은 친구가 되어 주는 방법도 있지요.

사람들의 눈치를 보거나 시선을 지나치게 신경 쓰는 것, 다른 사람들의 생각을 몹시 궁금해하는 것도 사회적 동물로서 겪는 자연스러운 일입니다. 좋은 관계를 만들어 나가기 위해서는 내가 원하는 게 무엇인지 잘 알아야 하지만 상대방이 원하는 것도 잘 알아야 하니까요. 만약 타인의 시선이나 사회적 평판을 조금도 신경 쓰지 않는다면 친구의 기분이 울적하다는 사실을 눈치채지 못하고 오히려 재미없는 장난을 쳐서 친구를 짜증 나게 만들 수도 있어요.

타인의 관점, 생각, 기분, 욕구 등을 알아차리는 능력은 배려심의 기본이기도 합니다. 상대의 입장에서 그 사람이 처한 상황을 정확히 이해하고 공감해야만 그 사람이 진짜 원하는 게 무엇이고, 필요한 게 무엇인지 파악할 수 있으니까요.

물론 때로는 이런 능력들 때문에 골치가 아프고 지나치게 타인의 시선을 의식하는 등 부작용을 겪기도 합니다. 그러나 이런 능력들은 우리가 타인과 서로 존중하되 선을 넘지 않도록 도와주는 소중한 장치들입니다. 여러분 안에 이미 소중한 인연을 만들기 위한 장치가 잔뜩 있다는 사실은 큰 위안이 되지 않나요?

그런데 안타깝게도 인간이라는 동물에게 인간관계는 행복과 건강에 직결될 만큼 중요한 요소이기 때문에, 인간관계는 때로 우리를 자주 '아프게' 만듭니다. 소중한 사람에게 충분히 잘해 주지 못한 일이 후회로 남기도 하고, 사람들과 갈등을 빚거나 소외되는 일, 친했던 친구와 갑자기 서먹해지는 일, 믿었던 사람으로부터 이용당하고 배신당하는 일, 무례한 사람이 나를 깎아내리는 말을 듣는 일 모두 우리를 아프게 합니다.

얼마나 아프냐고요? 인간관계에서 마음에 상처를 받았을 때 활성화되는 뇌 부위가 신체적 고통을 겪을 때 활성화되는 뇌 부위와 상당 부분 겹친다는 사실이 과학적으로 밝혀졌어요. 그러니까 인간관계에서 겪는 아픔은 신체적 고통과도 맞먹을 수 있다는 뜻이지요.

이렇게 희로애락의 원천이 되는 인간관계는 우리의 삶을 뿌리째 흔들 정도로 큰 영향력을 발휘합니다. 따라서 해로운 관계는 어느 정도 가지치기하고, 나와 상대방을 존중하는 관계를 만들어 가는 것이 행복한 삶을 살아가는 데 매우 중요한 요소입니다. 그렇다면 우리에게 해로운 관계는 무엇일까요? 또 서로를 존중하는 관계는 어떻게 만드는 걸까요? 본문에서 이와 관련된 내용들을 살펴보기로 해요.

Part 1

# 서로의 경계를 존중하는 관계 가꾸기

나는 나를 지키지 ♥

## 소중한 관계일수록 '마음 상처' 주의

흥미롭게도 인간관계에서 겪는 고통을 말할 때 우리는 "상처받았다."라며 몸과 마음 둘 다에 해당되는 표현을 사용합니다. 몸에 생긴 상처야 눈에 보이지만 마음에 생긴 상처는 보이지 않는데도, 여러 문화권에서 심리적인 괴로움에 대해 '상처'라는 표현을 씁니다. 단순히 불안하고 스트레스가 많은 상황보다는 특히 인간관계에서 생기는 괴로움을 말할 때 상처받았다는 표현이 많이 등장하지요.

듀크 대학교의 심리학자 마크 리어리Mark Leary 등의 연구에 의하면, 인간관계에서 상처받은 느낌hurt feeling은 보통 내가 소중하게 생각하는 정도에 비해 상대방이 나와의 관계를 '덜' 소중히 여긴다고 생각할 때 생깁니다.[1] 즉 내가 소중하게 여기는 정도와 상대가 우리 관계를 소중하게 여기는 정도(또는 상대가 소중하게 여긴다고 내가 생각하는 정도)의 '차이'가 핵심입니다.

지나가던 개미가 나에게 인사하지 않는다고 상처받을 사람이 없는 것처럼, 나도 상대도 서로를 중요하게 여기지 않는다면 상처받을 일이 별로 없습니다. 그러나 내가 그 관계를 소중하게 여기기 시작하는 순간, 이야기는 달라집니다.

마크 리어리와 동료들은 사람들이 어떨 때 상처받았다고 표현하는지를 조사했습니다. 그 결과 친밀한 관계에 있다고 생각하는 사람이 언제부턴가 '적극적으로' 멀어지거나(거부 의사를 밝히거나 헤어지자고 함) '소극적으로' 멀어질 때(무시하거나 피함), 또는 비난, 배신, 도가 지나친 놀림 같은 부적절한 행동을 보일 때, 나라는 존재에게 고마움을 느끼지 않거나 나의 호의를 당연한 일처럼 받아들일 때 사람들은 상처받았다고 표현했습니다.

예를 들어, 주말에 놀러 가기로 미리 약속을 잡고 준비를 다 해 놨는데 전날 갑자기 친구가 사소한 이유로 약속을 깼을 때, 또는 친하다고 생각했던 친구가 사람들 앞에서 내게 면박을 주거나 나를 민망하게 만드는 이야기를 할 때, 연인이 바람을 피우거나 거짓말하는 상황이 여기에 해당합니다. 이때 상대방이 나를, 우리의 관계를 소중하게 여기지 않는 것 같다고, 즉 관계의 가치를 낮게 평가devaluation하고 있다고 느낄수록 상처가 큰 것으로 나타났습니다. 결국 우리의 관계가 상대방에게는 어떤 의미인지, 또 상대방에게 내가 얼마나 가치 있는 사람인지 등 관계의 가치와 나의 가치에 대해 의문을 갖게 만드는 모든 행동이 상처받은 느낌을 일으킵니다.

한 가지 안타까운 점은 상대방을 많이 사랑하고 그 사람과의 관계를 소중히 여길수록 상대방의 상처 주는 행동에 더 크게 상처를 입는다는 사실입니다. 상대가 내게 말을 걸지 않고 무시하거나 내가 말을 걸어도 대꾸하지 않는 등의 행동을 보였을 때, 그 사람을 사랑하는 정도가 클수록 더 큰 상처를 받는 것으로 나타났습니다.

상처받는다는 것이 결국 내가 상대방을 많이 사랑하기 때문에, 또 상대방으로부터 그만큼의 사랑을 기대하기 때문이라면 우리가 할 수 있는 건 두 가지입니다. 우선 혹시라도 내가 상대방에게 지나치게 집착하고 기대하고 있는 건 아닌지 살펴보는 것입니다. 그다음에는 사랑하면 무엇이든 같이해야 하고, '사랑한다면 당연히 ~해야 한다.'라는 목록을 줄이는 것입니다. 바라는 게 많을수록 실망할 일도 많으니까요. 사람이 제각각 다른 것처럼 사랑도 제각각 다른 모습일 수 있다는 사실을 받아들이고 나의 기대치를 현실에 맞출 필요가 있습니다.

다른 한 가지는 상대방이 정말로 나와의 관계를 존중하고 있는가 곰곰이 생각해 보는 것입니다. 상대의 행동에서 나에 대한 존중이 읽히지 않는다면 원인은 두 가지입니다. 정말 나를 존중하지 않거나, 내가 오해했거나. 만약 상대가 앞으로도 나를 존중할 생각이 없어 보인다면 그 관계는 다시 생각해 보는 게 좋습니다. 관계란 당사자인 두 사람 모두가 행복하고 함께 성장할 수 있어야 하니까요. 서로를 '존중'하는 관계를 만들어 가는 방법에 대해서는 뒤에서 더 자세히 살펴보겠습니다.

## 소중한 관계를 지키는 '경계 존중'

함께 행복하고 성장하는 관계, 쓸데없이 상처를 주고받지 않는 관계를 만들기 위해서는 무엇보다 서로의 욕구와 바운더리,

즉 경계를 존중해야 합니다. 사람마다 성격이 다르듯, 사람마다 사랑을 주고받는 모습이나 친밀함의 정의 및 정도 등 관계에서 얻으려는 바가 다른 것은 아주 자연스러운 일입니다. 나에게 다른 사람들이 지켜 주었으면 하는 '선'이 존재하듯 타인도 마찬가지라는 것이지요.

해외에서 지낼 때 한 가지 편하다고 느끼는 게 있는데요, 바로 내가 원하는 바에 따라 '거리'를 조절할 수 있는 관계가 다양하다는 점입니다. 예를 들어 5년 이상 매주 회의하며 함께 일하는 동료가 있는데, 저는 이분의 개인적인 정보 — 나이, 가족 구성, 집안 사정, 재산 상태, 최근 고민 등 — 에 대해 아는 게 별로 없습니다. 함께 다양한 프로젝트에 참여하고 우리가 하는 일에 대해서라면 사소한 고민도 서슴없이 상담하지만, 일 외의 것에 대해서는 서로 말하거나 듣지 않아도 되는, 딱 직장 동료로서의 관계를 유지하고 있거든요.

물론 일터에서 만났지만 사적으로 친해져서 일상적인 고민을 함께 나누는 동료도 있지요. 그러나 굳이 내가 마음 내키지 않을 때는 나의 사적인 정보를 공개하지 않아도 되는, 또 상대방의 알고 싶지 않은 정보들을 억지로 귀에 담지 않아도 되는 자유가 비교적 큰 편입니다.

때로는 상대방의 기준에서 보았을 때 지나치게 개인적인 정보를 공개했다가 "어, 그건 네가 알아서 해야 할 문제인 것 같은데, 나한테 얘기해도 괜찮겠어?" 하고 분명히 선을 긋는 말을 듣기도 합니다. 그럴 때 당황스럽고 서운하지 않냐고요? 그렇게 생각할 수도 있지만 오히려 서로의 선을 지켜 주려는 상대방의 배려 덕분에 더 큰 후회나 민망함을 겪지 않았던 것 같아요.

사람이 당황하거나 감정에 휩쓸리다 보면 할 말 안 할 말 다 하고 나서 나중에 후회하곤 하지요. 여러분도 '그때 왜 그런 말까지 했지? 그건 말하지 말걸…….' 하고 후회한 적이 있을 거예요.

서로의 선을 지켜 주는 행위는 무작정 나를 밀쳐 내는 행위라기보다, 자신의 사생활이 중요하듯 상대방의 사생활도 지켜 주고 존중하는 행동에 가깝습니다. 동시에 지나친 정보 공유를 거부함으로써 괜한 정서적 부담을 느끼지 않아도 되지요.

가령 상대방이 사적으로 문제 있는 사람이라는 사실을 내가 알았다고 가정해 봅시다. 같은 직장에서 앞으로도 매일 봐야 하는 사이인데 나도 모르게 혼자 의식해서 그 사람을 불편하게 여기면 같이 일하기 힘들고 감정적으로도 피곤할 거예요. 사적인 정보를 나눈다는 것은 그 정보의 '무게'를 나누어 진다는 의미도 있기 때문에 굳이 그러고 싶지 않은 관계라면 자기 자신을 지키기 위해서라도 "잠깐, 더 이야기하지 마."라고 선을 그을 필요가 있습니다.

한국에서는 특히 직장에서 좀 더 가까워지기 위해 일부러 과한 술자리를 갖거나 서로의 사생활을 드러내고 나누는 문화가 아직 남아 있기도 합니다. 그래야 허물없는 사이가 된다고 생각하는 것 같아요.

하지만 굳이 일터에서 그럴 필요가 있을까 의문이 듭니다. 어쩌면 이런 생각들이 서로를 존중하지 못하게 만드는 것은 아닐까 생각되기 때문이에요. 너도 나의 비밀을 알지만 나도 너의 비밀을 안다는 사실이 때로는 서로에게 마음의 짐을 지우지 않을까요? 조금 과장해서 말하면, 비밀을 공유하는 관계를 강요하는 것은 아닐지 생각되기도 합니다.

다행히 관계마다 원하는 선을 개인이 정하는 사회도 있습니다. 다양한 바운더리 즉, 경계를 가진 관계를 여럿 맺고 나니 직장에서 난데없이 '가족 같은' 끈끈함을 찾는 데서 오는 온갖 간섭과 청하지도 않은 조언, 알고 싶지 않은 사생활 공유로 인한 스트레스가 많이 줄어든 것 같습니다. 서로의 경계를 흐리는 일 없이 일은 일로, 사생활은 사생활로 지킬 수 있어서 괜히 혼자 착각했다가 상처를 입거나 서운해하는 일도 많이 줄어들었어요.

직장에서의 관계뿐 아니라 친구나 가족과의 관계도 마찬가지입니다. 친구라고 해서 꼭 서로를 속속들이 알아야 하는 것도 아니고, 같은 정도의 친밀함을 가져야 하는 것도 아닙니다. 유머 코드가 잘 맞아서 함께 장난치고 농담하는 친구가 있는가 하면, 진지하게 고민 이야기를 나누는 친구도 있지요. 좋아하는 것과 취미에 관한 이야기만 나누는 친구도 있을 수 있고, 만나서 함께 공부하거나 독서하는 친구, 오래 앉아서 수다만 떨어도 좋은 친구가 있을 수 있습니다. 이 모든 것을 한 사람에게서 받기를 바라는 것이 오히려 비현실적이지 않을까요?

미국 컬럼비아 대학교의 심리학자 데이비드 프로스트David Frost의 연구에 의하면, 사람마다 관계에서 얻길 바라는 이상적인 친밀도가 다르다고 합니다.[2] 또한 각자의 바운더리, 즉 경계가 제대로 지켜지는지가 우리의 행복과 만족도에 큰 영향을 준다고 해요.

프로스트와 동료들은 연인 관계에 있는 약 1,700명을 대상으로 2년여를 추적 조사한 끝에 매우 흥미로운 사실을 알아냈습니다. 사람들은 관계에서 자신이 원하는 만큼 친밀감을 느끼지 못할 때 행복감이 낮았고, 이것이 관계 유지에도 나쁜 영향을 준 것으로 나타났습니다. 흥미로운 점은, 자신이 원하는 것 이상으로 '지나치게' 가까운 관계 또한 행복과 정신 건강(우울, 좌절 등), 관계 유지에 나쁜 영향을 주었다는 사실입니다. 관계가 가까울수록 좋을 것 같은 연인 사이에서도 사람들은 서로 다른 바운더리를 갖고 있다는 사실을 확인할 수 있었습니다.

최근 연구에서는 스스로 생각하는 이상적인 친밀도보다 실제 친밀도가 더 높거나 낮으면, 즉 내가 스스로 설정한 바람직한 관계의 선보다 멀거나 혹은 지나치게 가깝다는 느낌을 받으면, 스스로 느끼는 관계 만족도뿐만 아니라 상대방의 만족도에도 부정적인 영향을 줄 수 있다는 사실이 확인되었습니다.[3] 관계에 있어서 내가 생각한 친밀도보다 낮아도 문제지만, 높아도 좋은 것만은 아니라는 얘기죠.

또한 관계 만족도에서, 상대가 바라는 이상적인 친밀도와 자신이 바라는 이상적인 친밀도의 차이(예를 들면 상대는 최대 10에서 9의 친밀도를 원하지만 나는 7을 원하는 것)보다 중요한 것은, 상대방이 자신의 내적 바운더리를 침범하고 있는지 여부로 나타났습니다. 결국 서로 바라는 바가 다른 것은 괜찮지만, 상대방이 내가 원하는 바를 무시하거나 나의 경계를 침범하면 그때부터 문제가 생길 수 있다는 뜻입니다.

직장에서의 인간관계나 친구, 가족, 연인 사이에서 우리는 서로 얻고자 하는 바가 조금씩 다릅니다. 친구와는 한없는 친밀감을 원하지만 직장 동료와는 그저 함께 일하는 동료이고 싶은 사람도 있고, 혹은 모든 이와 허물없는 관계 맺기를 원하는 사람도 있습니다. 또는 연인이나 가족 사이에서도 자기만의 시간과 공간을 원하는 사람도 있고요.

앞서 언급한 것처럼, 사람마다 성격이 다르듯 인간관계에서 얻고자 하는 바가 다른 것은 자연스러운 일입니다. 이렇게 서로가 다르기 때문에 타인과의 관계에서 더더욱 필요한 최소한의 원칙이 '존중'이라는 점을 꼭 기억해야 합니다. 관계를 통해 내가 나의 필요와 욕구를 채우길 바라듯 타인 역시 그렇습니다. 서로가 바라는 바를 존중하고 함부로 서로의 선을 넘지 않는 배려가 있어야만 나도 상대도 만족하는 관계를 맺을 수 있다는 사실을 잊지 마세요.

## 서로의 경계를 알기

딱 꼬집어 나쁜 일은 없었지만 왠지 불편하게 느껴지고 거부감이 드는 관계가 있지는 않나요? 만약 그렇다면 이 관계에서 자신이 원하는 것은 무엇이고 상대가 원하는 것은 무엇인지, 그리고 혹시 내가 누군가의 경계를 침범한 적은 없는지 생각해 보는 게 좋습니다. 적당한 거리 유지를 원하는 타인에게 '끈끈한' 관계를 강요한 적은 없는지, 반대로 나는 부담스러운데 내 감정은 개의치 않고 자꾸 선을 넘는 사람은 없었는지 생각해 보세요.

그러기 위해서는 내가 다양한 관계에서 무엇을 얻고자 하는지부터 살펴봐야 해요. 친밀해지는 게 목적인지 혹은 서로에게 공통 관심사가 있는지, 또 나의 사적인 정보를 얼마나 공유하고 싶은지에 대해 생각해 봅니다. 예를 들어 공부 모임이나 독서 모임, 뜨개질 모임, 팬클럽처럼 특정 활동이나 주제를 중심으로 모인 관계에서는 사적인 영역을 공유하기보다는 공통의 관심사에 더 몰두하고 싶을 수 있습니다. 반대로 그냥 상대방이 좋아서 그 사람을 더 자세히 알고 싶고 친밀해지고 싶은 관계도 있을 거예요.

또 다양한 인간관계에서 나의 사적인 정보를 어디까지 공개하고 싶은지도 생각해 봅시다. 물론 상대가 누구냐에 따라 다르겠지요. 수영 강습에서 만났지만 부쩍 친해져서 속 깊은 이야기까지 나누는 관계도 있고, 반대로 오래 만난 친구여도 사적인 얘기를 많이 나누지 않는 관계도 있습니다. 중요한 것은 내가 어디까지 편안한 마음으로 허용할 수 있는지 나름의 기준을 정해 두는 거예요. 성격은 좋지만 다소 조심스럽지 못해서 남의 비밀을 툭툭 내뱉는 친구가 있다면, 비밀 이야기는 삼가야겠지요. 아니면 최대한 돌려서 이야기하는 것도 좋고요.

서로 감정을 드러내는 것이 편한 관계와 그렇지 않은 관계를 생각해 보는 것도 좋습니다. 예를 들어 반장, 선배 또는 믿음직한 사람의 역할을 하고 있다면 사람들 앞에서 감정적으로 폭발하거나 무례한 행동을 하거나 응석을 부리는 등의 행동은 피하고 싶을 거예요. 만약 여러분이 리더로 따르던 사람이 갑자기 철부지 같은 모습을 보인다고 상상해 보세요. 조금 실망스럽지 않을까요? 타인에게 내 모습을 드러내 보이는 것도 내가 맡고 있는 역할에 따라 얼마든지 적정 수준이 달라질 수 있습니다.

내가 적절하다고 생각하는 선이 있는데 이 선을 존중하지 않고 마구 넘어오는 사람이 있다면, 우리는 그 사람에게 불편함을 느낍니다. 이럴 때는 상대방을 살짝 제지하는 신호를 보내거나 함께 대화를 나눠 보는 것도 좋습니다. 사적인 부분이나 감정적인 이야기는 다음 기회에 하자거나, 다른 이야기로 화제를 돌리는 것도 좋은 방법이지요.

나에게 다른 사람들이 지켜 주었으면 하는 선이 있다면, 다른 사람에게도 내가 지켜 주길 바라는 선이 있겠지요. 혹시 나도 모르게 타인의  선을 넘어서 누군가를 불편하게 한 적은 없는지도 한번 곰곰이 생각해 보세요.

## 서로의 경계에 관해 대화하기

사람마다 각자 편안하게 생각하는 선이 있지만 많은 사람들이 이것을 전달하고 표현하는 데 어려움을 느낍니다. "No!"라고 말했다가 상대방을 기분 나쁘게 만들거나 미움받을까 봐 걱정하기 때문이지요. 그래서 불편한 대화 주제가 나왔을 때는 슬쩍 화제를 돌리거나 "어, 이런 이야기는 다음에 할까?" 하고 부드럽게 거절의 뜻을 내비치는 것도 좋습니다. 시선을 돌리거나 "음, 조금

곤란한데."라며 불편한 기색을 비쳐도 좋고요.

그렇게 했음에도 상대가 계속해서 불편한 주제에 관해 이야기하거나 내가 알고 싶은 것 이상으로 자기 얘기를 늘어놓는다면, 지금은 이런 이야기를 하기에 좋은 때가 아닌 것 같다고 말하거나, 이런 대화를 나누기에 좋은 사람을 추천해 주는 것도 좋습니다.

예컨대 별로 친하지도 않은데 갑자기 다른 사람에 대한 험담을 늘어놓거나 자기 연애에 대한 고민을 털어놓는 사람이 있다면, 나는 이런 주제로 상담하기에 적합한 사람이 아니라고 말하는 거죠. 이때 유의할 점은 "네가 이런 이야기를 하는 게 부담스럽다."라고 상대방에게 초점을 맞춰 말하지 않는 것입니다. 그보다는 자기 자신에게 초점을 맞춰 "내가 워낙 그쪽에 대해 알고 있는 정보가 적어. 아무것도 모르

면서 조언해 봐야 너에게 도움이 되지 않을 것 같아. 대신 ○○와 이야기해 보는 게 어떻겠니?" 하며, 상대방을 존중하고 있음을 확실히 표현하는 것이 좋습니다.

이렇게 말했는데도 상대가 막무가내로 나온다면 그건 그 사람이 나의 바운더리를 존중하지 않는다는 의미이므로 조금 거리를 두는 것도 좋습니다. 관계에서는 상대뿐 아니라 나의 행복도 중요하니까요. 참고로, 거리를 두라는 말이 그 사람을 미워하거나 아예 상대하지 말라는 뜻은 아닙니다. 이야기의 주제가 사적 영역으로 흘러가지 않게, 상대가 성큼 선을 넘어오지 않도록 주의하라는 뜻입니다.

만약 상대방을 어떻게 대해야 할지 모를 때는 제3자의 입장에서 관계를 바라보는 연습을 해 봅니다. 노스웨스턴 대학교의 심리학자 일라이 핀켈Eli Finkel 연구 팀은 연인들을 대상으로 최근에 겪었던 가장 큰 갈등을 떠올리게 한 뒤, 이에 대해 나와 연인 모두를 소중히 여기는 사람의 입장에서 본인들이 겪은 갈등을 바라보도록 연습을 시켰습니다.[4] 그 사람이라면 우리의 갈등을 보고 어떤 생각을 할지, 우리가 어떻게 하기를 바랄지 떠올린 뒤 자세히 적어 보게 했습니다.

또 평소에도 갈등이 생겼을 때 분노와 복수심, 상대방을 상처 입히고 싶은 마음을 잠시 내려놓고 나와 상대 모두 상처받지 않기를 바라는 제3자의 입장에서 갈등 상황을 정리해 보게 했습니다. 그 결과 제3자로서 갈등 관계를 바라보는 연습을 한 사람들은 그렇지 않은 사람들에 비해 관계 만족도가 향상되었고, 갈등을 더 잘 해결해 나가는 모습을 보여 주었습니다. 이처럼 나와 상대방 모두를 존중하는 마음을 잃지 않는다면 우리는 좀 더 좋은 자세로 대화할 수 있고, 온갖 갈등을 건강하게 헤쳐 나갈 수 있을 거예요.

## 신체 접촉에도 지켜야 할 경계가 있다

청소년기에 반드시 알아야 할 것 중 하나가 바로 스킨십, 즉 신체 접촉을 어디까지 허용할지에 관한 부분입니다. 손을 잡거나 팔짱을 끼거나 어깨동무하기, 껴안기 등 다양한 종류의 스킨십에 대해 매우 관대한 사람이 있는가 하면, 그렇지 않은 사람도 있습니다. 특히 다른 사람들보다 주변의 자극에 예민하게 반응하는 사람은 작은 접촉에도 깜짝 놀라거나 불쾌한 감정을 느낄 수 있습니다. 연인 사이도 마찬가지여서, 사람에 따라 어느 선 이상의 스킨십은 부담스럽게 느낄 수 있습니다.

따라서 가장 중요한 것은 서로 간에 편안한 수준의 스킨십을 정확히 파악하는 것입니다. 두 사람이 사귀는 사이라면 나는 여기까지는 괜찮지만 그 이상은 불편하다는 등의 대화를 나눠 보는 것이 좋습니다. 스킨십을 했을 때 상대가 불쾌한 기색을 내비치지는 않는지 관찰하는 것 또한 중요하고요. 예를 들어 나는 감각이 예민해서 다른 사람과 피부가 닿는 것을 그다지 좋아하지 않는다고 말해 보는 것도 좋습니다. 이런 말을 들었을 때 "아, 그랬어? 미안!"하고 적절한 반응을 하는 것도 중요하겠지요.

핵심은 각자가 설정한 바운더리에 대해 왜 너는 예민하게 구냐면서 핀잔을 주는 등 '다름'을 '틀림'으로 깎아내리지 않는 것입니다. 만약 내가 정한 선을 가지고 내가 이상한 것은 아닌지 자꾸 의심하게 만드는 사람이 있다면, 그 사람은 나를 존중하지 않는 것일 수도 있습니다. 곰곰이 생각해 보세요.

특히 연인 관계에서 '이렇게 오래 사귀었는데 우리 사이에 이 정도 스킨십은 괜찮지 않냐.'는 식으로 내가 편안하게 느끼는 선

영진아,
같이 가자!
시간이
맞았네!
불쑥!
... 팔짱...
끼는 거 별로야.
아,
미안!
슥
앞으로
조심할게!
기억해
달라고~.

을 넘어오는 사람이 있다면, 그건 그 사람의 잘못임을 기억합시다. 함께 차를 마시는 상황을 떠올려 보면 쉽게 이해될 거예요. 내가 아무리 24시간 전부터 정성을 다해 차를 끓였더라도, 또 상대방이 처음에는 마시겠다고 했다가 나중에 생각을 바꿨더라도 그 사람 입에 뜨거운 차를 억지로 부을 자격은 없지요. '동의'가 없는 신체적 접촉은 상대의 입에 강제로 차를 들이붓는 폭력적인 행동이 됩니다. 누구나 자기가 하기 싫은 행동을 은근한 압박이나 핀잔 없이 하지 않을 자유가 있어야 건강한 관계라는 사실을 잊지 마세요.

### 해 보기

인간관계에서 내가 혹은 남이 '선을 넘는' 상황을 알아차리는 방법을 알아봅시다. 우선 내가 원하는 바를 명확히 알아야 나의 경계를 알고 지킬 수 있어요. 나의 경계를 알면 다른 사람의 경계도 존중할 수 있게 되지요. 다음 활동을 같이해 봐요.

## 관계 표 만들기

우선 친밀함이 목적인 관계와, 정보나 취미 교류가 목적인 관계로 나눠 봅시다. 그리고 각 관계에서 사적 정보나 감정 교류가 얼마나 편안하게 느껴지는지에 따라 나눠 봅시다. 그럼, 총 네 개의 칸이 생길 거예요. 각각의 칸에 관계나 사람의 이름을 적어 보세요.

| | 사적 정보나 감정 교류가 있어도 됨 | 사적 정보나 감정 교류가 없길 바람 |
|---|---|---|
| 친밀함 | | |
| 정보· 취미 교류 | | |

## 내가 원하는 것 적어 보기

내가 원하는 경계, 즉 관계의 선을 상대가 넘어온 적이 있는지, 그때 어떤 느낌이 들었는지도 적어 보세요. 딱히 큰 갈등은 없었지만 왠지 불편하거나 부담스럽고, 또는 예의가 없다고 느껴지는 사람이 있다면 내가 정해 놓은 선을 불쑥불쑥 넘나드는 사람일 수 있어요.

예) 함께 열심히 공부하려고 모인 공부 모임에서 갑자기 여자 친구, 남자 친구에 대해, 또는 부모님 직업에 대해 사적인 질문을 받아서 불편했다.

..........................................................................................

..........................................................................................

## 나의 경계를 침범하는 사람 알아채기

내가 원하는 것 이상으로 지나친 스킨십을 하는 사람은 없는지도 생각해 봅시다. 또 내가 물어보지도 않았는데 자신의 사적인 이야기나 감정이 섞인 이야기를 자주 하는 사람, 청하지도 않았는데 조언하려는 사람, 식당에서 메뉴를 골랐는데 다른 걸 먹으라는 등 나의 선택에 퇴짜를 놓거나 나의 자율성을 침범하는 사람이 없는지도 생각해 봅시다. 모두 나를 불편하게 만들 수 있는 관계들입니다.

이럴 때는 아래와 같은 문장으로 말하면 좋아요. 빈칸을 채운 뒤 상대방에게 나의 감정과 내가 원하는 행동을 말하는 연습을 해 보세요.

"나는 네가 …… 할 때

…… 하게 느껴져. 그래서 네가 앞으로는

…… 해 주면 좋겠어."

## 나는 타인의 경계를 존중하고 있을까?

반대로 내가 타인이 정해 놓은 선을 침범할 수도 있어요. 그 기준이 애매해서 고민이 될 때는 아래 체크리스트를 스스로 점검해 보세요. 체크 박스에 한 개라도 빈칸이 있다면 상대방의 경계를 파악하고 존중하기 위해 좀 더 신경 쓰도록 합시다.

☐ 친한 사이에도 꼭 지켜야 하는 것이 있다고 생각하나요?

☐ 관계에서 상대방이 바라는 게 무엇인지 충분히 생각하는 편인가요?

☐ 내가 바라는 것만 얻으려 하지 않고 상대방이 바라는 것도 존중하고 있나요?

☐ 친해졌다고 생각해서 내 맘대로 짓궂은 장난을 치거나 예의 없는 행동을 한 적은 없나요?

☐ 상대의 이야기를 충분히 듣지 않고 혹은 의견을 묻지 않고 둘 사이의 일을 내 마음대로 결정한 적은 없나요?

☐ 대화할 때 상대방에게 필요한 이야기가 무엇인지 충분히 고려하는 편인가요?

Part 2

# 해로운 관계를 거절하세요

나는 나를 지키지♥

## 갈등은 반드시 생긴다

친한 선생님과 대화를 나누다가 예전에 선생님이 자신의 배우자와 자주 다툰 이야기를 들었습니다. 대부분 부부가 그렇듯 원인은 사소한 것들이었는데, 그중 하나가 식기세척기에 그릇을 얼마나 채우고 돌릴지에 관한 것이었어요. 선생님 본인은 되도록 최대한 채운 뒤에 돌리는 쪽이라면, 배우자는 3분의 2 정도만 차도 세척기를 돌렸다고 해요. 처음에는 잔소리도 많이 하고 그 때문에 부딪치는 일이 꽤 잦았는데 어느 순간 "내가 왜 이런 사소한 일로 상대를 괴롭히고 있지? 내 방식이 꼭 옳다고 할 수 있을까?"라고 스스로에게 질문했다고 합니다.

생각해 보면 아무리 내 방식이 옳은 것처럼 보여도 모두에게 옳을 수는 없습니다. 왜냐면 사람마다 '목적'이 다르고, 목적이 다르면 실행 방법도 제각각이니까요. 만약 물과 전기 절약이 목적이라면 한꺼번에 그릇을 많이 넣고 씻는 것이 옳은 방법이지만, 쓰고 싶은 그릇을 제때 쓰는 것, 그릇이 부족해서 느낄 스트레스를 피하는 것이 목적이라면 식기세척기가 적당히 찼을 때 돌리는 것이 옳은 방법이지요.

그 뒤로 선생님은 본인이 설거지할 때는 자기 방식대로 하지만 배우자에게 자신의 방식을 강요하지는 않았다고 해요. 물론 다른 상황에서 상대방의 방식이 도덕적으로 문제가 되는 등 누군가에게 해를 끼친다면 더 좋은 방법을 찾기 위해 함께 애쓰겠지만, 그렇지 않고 서로의 취향이나 목적의 차이 때문에 생긴 갈등이라면 자신의 방식을 강요하는 것이 옳지 않다고 생각했기 때문이에요. 결국 서로의 생각과 방식을 가급적이면 존중하는 것이 행복한 관계를 오래 유지하는 비결이라는 이야기였습니다. 38년의 결혼 생활에서 얻은 깨달음이었다고 덧붙이기도 하셨죠.

생각해 보면 인간관계에서의 수많은 갈등이 사소한 의견 차이에서 시작됩니다. '나에게는 이 방법이 옳지만, 저 사람에게는 다를 수 있어.'라고 생각하면 얼마든지 넘어갈 수 있는 일들이 많습니다. 사람들은 서로 다른 목표를 가지고 있고, 중요하게 생각하는 것도 다르기 때문에 모두에게 항상 옳은 방법이란 없다는 사실을 인식하면 갈등을 빚을 일이 생각보다 적을지도 모릅니다. 상대방의 행동이 잘 이해되지 않을 때도 "그래, 그렇게 생각할 수도 있겠네."라고 말해 보면 어떨까요?

가는 말이 고와야 오는 말이 곱다는 속담처럼, 누군가를 이해하는 일도 가는 게 있어야 오는 게 있습니다. "너는 그런 이상한 생각을 하니?"라고 밀어붙이면 "너도 이상하거든!" 하고 날 선 반응이 날아오기 마련입니다. "그래, 그렇게 생각할 수도 있겠네."라고 조금이라도 이해하는 듯한 말을 건네면 상대도 수그러들지 않을까요? 나그네의 옷을 벗기는 내기에서 해가 바람을 이긴 것처럼 말이지요.

## 항상 너그러워야 할까?

그런데 한편으론 먼저 이해하려 하고 너그러운 태도를 보이는 행동이 독이 될 때도 있어요. 믿는 도끼에 발등을 찍히는 상황이 정말로 일어날 수도 있잖아요. 괜히 혼자 사람들에게 이용당하고 바보가 되지는 않을까요?

'죄수의 딜레마 게임prisoner's dilemma game'이라는 것이 있습니다. 두 명의 죄수가 각각 다른 방에서 취조받는 상황입니다. 이때 어떤 정보 교류도 없이, A와 B 모두 입을 다물었을 때는 각각 1년 형만 살면 됩니다. 하지만 한 사람이 다른 사람을 배신하고 상대방의 잘못을 고발하면 배신한 사람은 아무런 벌을 받지 않고, 배신당한 사람 혼자 2년 형을 살아야 합니다.

상대방이 신의를 저버리지 않으면 가벼운 형을 받지만, 상대가 먼저 자신을 배신하면 혼자 죄를 뒤집어쓸 위험에 빠지는 거죠. 따라서 죄수들은 먼저 상대방을 배신할지 아니면 끝까지 상대방을 믿을지를 두고 갈등하게 됩니다.

플로리다 주립 대학교의 심리학자 제임스 맥널티James McNulty와 동료들의 연구에 의하면, 이러한 갈등 상황에서 성격적으로 우호성agreeableness, 즉 관계를 중시하고 주변 사람들에게 따듯하고 친절한 사람들은 자신의 파트너가 따듯하고 너그러운 사람이라는 정보를 받았을 때 상대의 믿음을 저버리지 않기 위해 상대를 배신하지 않으려는 경향을 보였습니다.[1] 우호성이 낮은 사람들은 파트너가 너그러운 사람이라는 정보를 받았을 때 파트너를 더 쉽게 배신하는 것으로 나타났습니다.

이처럼 우호성이 낮은 사람들은 일반적으로 자신에게 잘해 주는 사람을 아무 거리낌 없이 이용하면서 상처를 줍니다. 따라서 누군가를 만날 때 적어도 이 사람이 기본적으로 마음이 선하고 따듯한 성격인지, 가까운 사이에서도 예의를 지킬 줄 알고 또 믿어도 되는 사람인지를 판단하는 것은 큰 도움이 됩니다. 실제로 사람들은 자기 곁에 둘 사람을 판단할 때 능력보다는 그 사람의 인간 됨됨이를 먼저 보는데, 능력이 아무리 뛰어나도 그가 냉정하고 믿을 수 없는 사람이라는 생각이 들면 멀리하는 경향이 있습니다. 여러분이 어떤 친구를 곁에 두는 이유나, 여러분의 친구들이 여러분을 곁에 두는 이유 역시 가끔 모자란 모습을 보여도 함께 있으면 따듯함을 느낄 수 있기 때문일 겁니다.

한편 이렇게 우호성이 낮은, 착한 사람들을 이용하는 이런 사람들 때문에 차라리 못되게 사는 편이 더 이롭지 않을까 하는 의문이 들 수 있어요. 또한 주변 사람들을 속이고 이용하는 사람들만 이득을 보는 게 아닐까 생각할 수도 있고요. 그러나 다행스러운 점은 주변 사람들을 쉽게 배신하는 사람들의 경우 단기적으로는 이득을 볼 수 있지만 장기적으로는 좋지 않은 결과를 얻는다는 사실입니다. 자신의 명성이나 권력을 유지하기 위해 주변 사람들을 이용하는 나르시시스트들의 경우, 처음에는 사람들의 주목을 받아 모임의 리더가 되기도 하지만, 시간이 지날수록 본성이 드러나 사람들 사이에서 평판이 나빠지는 일이 많습니다.

또한 죄수의 딜레마 게임은 결국 언제나 '상호 신뢰와 협력'이야말로 윈윈win-win의 결과를 낸다는 점을 우리에게 알려 줍니다. 배반당하면 속은 쓰리겠지만, 내가 협력적인 태도를 계속 지켜 나가다 보면 언젠가는 그 믿음에 보답하는 사람을 만나 좋은 결과를 얻을 수 있습니다.

만약 그 누구에게 사랑받지 않아도 괜찮고, 온기를 느낄 수 있는 존재라곤 단 한 명도 없는 무인도에서도 살 수 있는 사람이라면 배신과 속임을 생존 전략으로 선택하는 것도 나쁘지 않을 거예요. 하지만 우리는 더불어 살아가는 존재입니다. 주변 사람들에게 상처 주는 행위가 반복될수록 사람들 사이에 소문이 퍼지기 때문에 남을 배신하고 속이고 이용하며 사는 것도 쉽지 않기는 마찬가지입니다.

한 번 사는 삶을 주변 사람들에게 상처 입히는 방식으로 소모하는 것은 그 자체로 안타깝고 슬픈 일입니다. 가능한 한 나를 믿어 주는 사람들의 따듯함에 보답하며 계속해서 그 온기를 누릴 수 있다면 좋지 않을까요?

## '내 사람', '내 가족', '내 친구'를 더 사랑해

사람들이 이기적인 행동을 하는 이유 중 하나는 '내 사람'을 편애하기 때문입니다. 다른 아이들은 몰라도 내 자식만큼은 잘 되길 바라는 욕심으로 시험 문제를 빼돌리는 부모들이나, 내가 응원하는 사람이 이겼으면 하는 바람으로 경쟁자를 비방하는 팬들이 그런 사례입니다. 때로는 '내 가족, 내 사람, 내 팀'에 충성하는 마음 때문에 다른 누군가를 해칠 수 있습니다. 하지만 우리가 이렇게 충성하고자 하는 내집단ingroup의 구분에 어떤 기준이나 원칙도 없다는 사실을 알고 있나요?

아이들을 모아 놓고 무작위로 그룹을 나눈 다음, 한 그룹에는 '독수리 팀'이라는 이름을 붙이고 또 다른 그룹에는 '사자 팀'이라는 이름을 붙여 줍니다. 그러면 어떤 일이 벌어질까요? 갑자기 독수리 팀에 속한 아이들은 같은 독수리 팀 아이들이, 사자 팀에 속한 아이들은 같은 사자 팀 아이들이 상대 팀보다 외모도 뛰어날 뿐 아니라 성격도 좋고 운동도 잘하고 똑똑하며 더 도덕적이라고 생각하게 됩니다. 서로 누가 누군지 잘 모르면서 어쨌든 우리 팀 사람들이 상대 팀보다 더 낫다고 생각하는 것이죠. 흥미롭지 않나요?

게다가 자신이 속한 집단 사람들은 여러모로 자신과 공통점이 많다고 생각하는 반면, 외집단 사람들에 대해서는 자신과 많이 다르다고 단정 짓는 경향을 보입니다. 사실 여기 모인 아이들은 서로에 대해 아는 것이 거의 없습니다. 그러나 무작위로 만든 그룹이 생기면서 아무 이유 없이 서로를 차별하고 적대하며 네 편 내 편이 갈리고 결국엔 싸우는 일도 빈번히 나타납니다.

사람에 대해 어떤 정보도 주지 않는 아무 의미 없는 구분, 예컨대 손톱 길이, 임시로 정한 성격 분류, 역시나 임시로 구분한 그림 취향 같은 것으로 팀을 나눠도 "우리 집단 사람들이 더 우월하고 나와 공통점이 많으며, 저쪽 집단 사람들은 열등하고 나와는 완전히 다른 사람들"이라고 근거 없이 믿는 현상이 나타납니다.

최소 집단 패러다임, 그러니까 아무렇게나 집단을 나누기만 하면 갑자기 외집단을 향한 편견이 생기고 새로 만들어진 의미 없는 그룹 정체성에 휘둘려 다른 사람이 된 것처럼 행동하는 모습을 보입니다. 흔히 어떤 심각한 차이와 갈등이 먼저 존재해서 집단이 나뉘고 싸움을 시작하는 것 같지만, 반대로 집단이 나뉘어서 차이와 갈등이 생기고 싸움이 시작되는 경우가 적지 않다는 것이죠.

인간은 이성적인 존재라지만 꼬리표만 달리면 서로 물어뜯는 행동을 보이는 이유에는, 기본적으로 인간은 '분류'를 통해 세상을 단순하게 이해하고 싶어 하는 동물이고, 그 과정에서 '차이'를 과도하게 인식하기 때문입니다. 어지럽게 널려 있는 물건들을 정리할 때도 용도별로 분류해서 꼬리표를 달고 작은 서랍에 차곡차곡 나눠 두면 훨씬 정돈된 느낌이 드는 것처럼, 우리는 복잡한 사회적 관계를 개념화할 때도 여자 대 남자, 백인 대 유색 인종 등 지역, 국가, 생김새, 출신, 역할, 성격과 같이 주로 눈에 잘 띄는 특성들로 묶어 버립니다. 이런 범주화는 오직 편의를 위한 것이어서 정확성과는 거리가 있지만, 일단 어떤 사람을 그 부류로 정의하면 왠지 세상과 사람들을 더 잘 알게 된 것 같은 느낌이 드는 것이지요.

하지만 특정 용도로 만들어진 물건과 달리(사실 물건도 어떤 방식으로 사용하나에 따라 스테이플러는 종이 문서를 철할 수도 있고, 옷 수선에도 쓰일 수 있어요.) 인간은 복잡다단한 특성을 여럿 가지고 있는 데다, 이거 아니면 저거로 쉽게 구분되지 않습니다. 우리는 딱 하나로 정의할 수 있는 존재가 아니기 때문입니다.

심지어 성별도, 인종 구분도 명확한 선 하나로 나뉘지 않습니다. 우리는 각자에게 주어진 다양한 역할에 따라 누군가의 자녀이면서 직업인이고, 어느 지역 출신, 누구의 팬, 다양한 특기나 취미, 선호, 취향, 성격 등등 슬쩍 떠올려 봐도 족히 수십 가지가 넘는 굵직한 꼬리표들이 따라붙습니다. 이 중에서 딱 하나만 가지고 자신을 정의하라고 하면 그건 잘못된 방식이고 모자란 정의입니다.

우리는 종종 자신이나 다른 사람들이 여러 모습을 지닌 존재라는 사실을 잊습니다. 그러다 보니 거칠게 구분한 분류에 기대어 사람을, 심지어 자기 자신을 쉽게 판단하는 일이 생기는데요, 마치 특정 분류가 자신과 타인의 전부인 것처럼 착각하게 되지요. 예컨대 나는 독수리 팀이면서 얼마든지 사자 팀일 수 있고, 그 외에 양, 오이, 브로콜리, 돌멩이 팀일 수도 있는데 오로지 독수리 팀과 사자 팀만 있는 것처럼 생각하고 싸우는 일이 발생합니다.

이처럼 지나치게 단순한 구분이 문제라는 점에 착안하여 듀크 대학교의 심리학자 세라 게이서Sarah Gaither는 다음과 같은 실험을 진행했습니다.[2] 실험에 참여한 아이들에게 자신이 얼마나 다양한 존재인지, 자신의 정체성을 생각해 보게 했어요. 예컨대 나는 누군가의 좋은 친구이자 이웃이고, 책 읽는 사람, 그림 그리는 사람, 공을 잘 던지는 사람, 케첩을 좋아하는 사람 등 자신을 될 수 있으면 폭넓게 정의해 보도록 했습니다. 그 뒤에 사고의 유연성을 확인할 수 있는 창의성 테스트를 했어요. 작은 종이 상자를 주면서 어떻게 쓸 수 있을지 아이디어를 떠올려 보라고 한 거죠.

그 결과 자신이 얼마나 '여러 가지' 모습의 존재인지 다양성을 생각한 아이들은 그러지 않은 아이들에 비해 창의성이 향상된 것으로 나타났습니다. 작은 상자의 용도로 햄스터 눈썰매를 떠올린 아이들도 있었다고 해요. 또 사진 속 사람들을 분류해 보라고 했을 때, 자신이 얼마나 폭넓은 존재인지 떠올린 아이들은 성별이나 인종 같은 획일적인 분류보다 사람들의 미소 짓는 모습, 사진 여백의 크기를 가지고 좀 더 유연하게 분류하는 모습도 보였습니다.

내가 생각하는 나와 타인의 정체성은 대부분 내 머릿속에서 만든 작은 서랍에 지나지 않습니다. 내가 정말 중요하다고 생각하는 차이들, 흔히 차별을 정당화할 때 쓰이는 근거들 또한 많은 경우 지극히 임의적이고 사소한 것들이지요. 차이점을 생각할 때도 실은 공통점이 더 많다는 사실을, 또 어떤 작은 차이를 가지고 목숨 걸고 싸우기에는 우리가 훨씬 크고 복잡한 존재라는 사실을 기억하면 불필요한 갈등을 줄일 수 있을 거예요.

## 재미로 했을 뿐이라고?

하지만 안타깝게도 타인과의 갈등이나 타인을 향한 차별과 괴롭힘은 곳곳에서 나타납니다. 온라인 세상도 예외는 아니어서 유명인이나 심지어 일반인을 대상으로 우르르 몰려가 악플 테러를 하는 등 피해를 주는 경우가 적지 않아요. 가해자들은 대체로 공격 대상을 만난 적도 없을 뿐 아니라, 그 사람에게 아무런 피해도 입지 않은 사람들입니다. 즉 온라인상에서 벌어지는 많은 공격들이 보복하거나 괴롭힐 이유가 없는 사람들에 의해 일어납니다. 그 사람들이 우르르 몰려가 누군가의 삶을 망가뜨리는 비합리적인 행동을 하는 이유는 무엇일까요?

학자들에 의하면, 온라인상의 괴롭힘은 특정 개인이나 집단을 대상으로 일어나고, 짜증 나게 하는 수준의 장난부터 심각한

얍!
꽥 꽥
퐁덩
오! 맞출 수 있었는데!
1 2
3 4
뭐 하는 거야?
오리가 다칠 수 있었어!
아니, 난 그냥….
괴롭히는 건 놀이가 아냐!

공격까지 다양한 형태로 나타납니다. 그중에는 타인을 괴롭히는 데 많은 시간과 노력, 기술을 쏟아부을 정도로 깊이 빠져든 가해자들도 있습니다.

브리티시컬럼비아 대학교의 심리학자 에린 버켈스Erin Buckels는 '가학성(사디즘)'을 온라인 테러리스트들의 주요 특징 중 하나로 보았습니다.[3] 가학성은 타인의 고통을 즐기는 특성과 공감 능력 부족이 한데 묶인 특성인데요, 상처를 입었거나 공격받고 있는 사람을 보며 안타까워하기보다 오히려 흥미를 느끼는 특성을 말합니다.

가학성이 높은 사람은 타인이 입은 피해를 실제보다 과소평가하는 경향을 보입니다. 자신은 장난쳤을 뿐인데 상대방이 유난히 예민하게 군다면서 타인의 아픔을 대수롭지 않은 일로 넘기기도 합니다. 괴롭히면서 즐거움을 느끼고 상대의 아픔은 평가절하하는 점에서, 학교에서 친구를 따돌리고 괴롭히며 즐거움을 느끼는 행동과 온라인에서 우르르 몰려다니며 사람들에게 상처를 주는 행동에는 비슷한 면이 존재합니다.

실제로 가학성과 온라인 테러가 관련이 있는지를 알아보기 위해 연구자들은 사람들에게 감정적으로 또는 신체적으로 괴로워하는 모습이 담긴 사진을 보여 준 다음, 사진 속 사람들이 얼마나 고통스러워하는지 또 사진이 자신에게 불쾌감 혹은 즐거움을 일으키는지 물었습니다. 그 결과 가학적인 성향의 사람들이 그렇지 않은 사람들에 비해 사진을 보고 더 큰 즐거움을 느낀 것으로 나타났어요. 또한 이들은 사진 속의 사람이 느끼는 고통도 낮게 평가했습니다.

가학적인 사람들은 온라인에서 누군가를 벌주거나 사이버 테러를 하는 행동을 긍정적으로 평가하고 공격에 참여할 때 맛보는 즐거움도 크게 느끼는 것으로 나타났어요. 그에 반해 죄책감은 낮은 편이었습니다. 누군가를 괴롭히는 이야기를 들으며 느낀 즐거움이 가해 행위를 두둔하는 성향과도 관련을 보였습니다. 누군가를 괴롭히는 행위에서 재미를 느끼는 순간, 죄책감이 증발할 수 있다는 것이지요.

엄청나게 선한 사람이 되지는 못하더라도 타인의 괴로움을 보고 즐거워하지 않는 것은 도덕적 인간이 갖춰야 할 최소한의 조건입니다. 하지만 안타깝게도 온라인상에서는 자신이 끼친 피해의 결과가 바로 눈앞에 보이지 않는다는 점에서 더욱더 타인의 고통을 대수롭지 않은 일처럼 웃어넘기고 자신은 아무 잘못도 하지 않았다는 뻔뻔한 태도를 보입니다. 심지어 타인이 입은 피해는 온전히 그 사람의 정신력이 약해서라는 주장도 심심찮게 볼 수 있지요.

누군가에게 심한 타격을 주고 나서 느끼는 즐거움이나 권력감정은 아주 잠깐이지만 자신이 누군가를 괴롭혔다는 사실은 오래도록 변하지 않습니다. 그러나 자신은 누군가를 괴롭히고 있다고 생각하겠지만 정작 돌이킬 수 없을 정도로 망가지는 것은 가해자 자신의 영혼일 것입니다.

## 친밀한 관계에서의 폭력

친밀한 관계에서의 폭력이라니, 일어날 수 없는 일 같지만 안타깝게도 연인이나 가족 사이에서도 폭력이 일어납니다. "사랑해서 어쩔 수 없이(?) 그랬다."라는 말처럼 사랑과 폭력은 언뜻 보면 전혀 어울리지 않을 것 같은데, 이 둘을 꽤 자연스럽게 연결 짓는 경우가 많습니다. 하지만 폭력과 사랑은 절대 함께 다닐 수 없다는 점을 기억하세요.

‘친밀한 관계에서의 폭력IPV, Intimate Partner Violence’이란 연인, 가족 관계에서 일어나는 언어적, 비언어적, 정서적, 물리적 폭력을 말합니다. 사랑하는 사이에서 결코 일어나서는 안 될 일이지만 안타깝게도 친밀한 관계에서의 폭력은 아주 흔해서 미국의 경우 이성 커플 여섯 중 한 쌍은 매년 적어도 1회 이상의 폭력을 경험한다는 보고가 있습니다.

한국에서도 2022년 언론에 보도된 살인 사건만 집계했을 때, 한 해 동안 남편이나 애인으로부터 살해당한 여성이 최소 86명, 살인 미수까지 포함하면 최소 225건이었다는 보고가 있었습니다.[4] 결코 적지 않은 수의 사람들이 친밀한 관계에서의 폭력으로 인해 심각한 고통을 받고 있었습니다.

흔히 폭력이라고 하면 신체적 폭력을 떠올리는데, 그것은 빙산의 일각입니다. 학자들에 의하면, 친밀한 관계에서 일어나는 폭력의 핵심은 ‘강압과 통제’입니다.[5]

강압은 피해자의 의사와 상관없이 ‘순종’을 조건으로, 순종했을 때는 보상을 주고 순종하지 않았을 때는 혹독한 대가를 치르게 하는 힘으로 정의됩니다.[6] “네가 ~하지 않겠다면 폭력을 휘두르겠어.”, “부모님이나 친구, 반려동물 등 네게 소중한 것들을 해

치겠어.", "네 사진이나 악의적인 소문을 퍼뜨려서 사회생활을 못 하게 만들겠어." 같은 협박과 강요가 여기에 해당합니다.

그럼에도 여전히 피해자가 거부할 수 있는 거 아니냐고, 피해자에게 "본인이 선택한 거 아니냐.", "좋아서 한 거 아니냐." 라는 비난이 쏟아집니다. 하지만 학자들은 가해자의 요구를 따르지 않을 경우 상당한 대가를 치를 위험이 존재하고 사실상 굴종을 강요받는다는 점에서 피해자의 선택은 온전히 본인의 자유 의지에 따른 것이 아니라고 강조합니다.

한 가지 흥미로운 부분은 가해자들의 요구가 대부분 매우 두루뭉술하고 제멋대로라는 점입니다. "나 말고 다른 남자(혹은 여자)는 생각도 하지 마."라고 요구하면서 다른 이성에게 인사라도 하면 불같이 화를 내거나, "나를 화나게 하지 마."라고 자의적인 기준을 만들고 별일 아닌 일에도 화를 내기도 합니다.

마치 피해자가 잘하면 폭력이 일어나지 않을 것처럼 말하지만 사실은 처음부터 피해자가 어떻게 해도 절대 만족시킬 수 없는, 오로지 가해자만 계속해서 승리하는 게임인 셈이죠. 즉 피해자의 입장에서는 질 수밖에 없는 게임이에요. 이 때문에 전문가들은 피해자에게는 폭력을 막을 수 있는 통제권이 없으며 모든 것이 가해자에게 달려 있다고 주장합니다.[7] 따라서 가해자가 피해자를 탓하는 것은 폭력을 계속 사용하기 위한 정당화일 뿐, 폭력이 발생하는 가장 큰 원인은 바로 가해자 자신이라고 말합니다.

## 오랜 시간 공들인 덫

미국 조지타운 대학교의 정신 의학자 메리 앤 더턴Mary Ann Dutton에 의하면, 많은 IPV 즉, 친밀한 관계에서 일어나는 폭력의 가해자들이 손쉽게 폭력을 쓰기 위해 오랜 시간 공을 들여 교묘한 방법으로 피해자의 행동을 통제한다고 합니다. 즉 폭력의 시작은 폭력이 겉으로 드러나기 오래전부터 이루어지며, 폭력으로 이어지는 과정은 치밀하고 계획적이어서 가해자들의 변명처럼 '우발적'이지 않다는 거예요.

첫 번째는 협박입니다. 자신이 원하는 대로 하지 않으면 너와 주변 사람을 이렇게 저렇게 해코지하겠다는 구체적인 계획을 자주 언급합니다. 자신의 협박이 빈말이 아님을 주입함으로써 자신이 원하는 대로 피해자가 행동하도록 만듭니다. 가해자에게

폭력적인 행동을 저지른 과거가 있다면 협박에 더 큰 무게가 실립니다.[8]

두 번째는 피해자의 약점을 이용하는 것입니다. 예를 들어 우울증에 시달리고 자존감이 낮은 여성에게는 "내가 아니면 누가 너랑 만나 주냐."라며 후려침으로써 피해 여성이 더 나은 미래를 꿈꾸지 못하게 하고 현재(폭력적인) 상태에 안주하도록 만듭니다.[9] 오랜 시간 정서적, 신체적 폭력에 지친 피해자가 도망칠 기운을 상실하게 만드는 경우도 있지요.[10]

세 번째는 저항 수단을 차단하는 것입니다. 자신감을 쌓는 것, 사회적 지지, 건강한 몸, 용기와 자신감 등 독립적인 인간으로 살아갈 수 있게 만들어 주는 요소들을 차단합니다. 그리고 가족이나 친구들을 만나지 못하게 하고 주변 사람들로부터 고립시켜 그들의 도움을 받을 가능성을 차단합니다.[11] "누가 너 따위를 좋아하겠냐." 라며 피해자를 끊임없이 모욕함으로써 도와줄 사람을 찾아 나설 용기를 잃게 만들기도 합니다.

네 번째는 의존 관계를 만드는 것입니다. 폭력을 휘두른 다음 날에 꽃을 선물하며 널 사랑해서 그랬다고 말하고 용서를 빈 뒤 며칠 잘해 주다가 다시 폭력을 휘두르고, 용서를 빌고 또 며칠 잘

해 주고 폭력을 휘두르는 악순환이 거듭됩니다. 피해자에게 모든 것이 본인 하기에 달렸다는 가짜 통제감을 주고, '내가 잘못해서 그래. 사실은 나를 아껴 주는 사람이야.'와 같은 자책과 환상을 갖게 만듭니다.

하지만 안타깝게도 폭력이 발생하면, 일단 선을 한 번 넘었기 때문에 그다음은 좀 더 쉽게 폭력을 행사하게 될 뿐, '다시는 안 그러겠지. 내가 잘하면 괜찮겠지.' 같은 바람은 결코 이뤄지지 않습니다. 가해자는 그동안 앞에서 언급한 요소들을 통해 폭력을 가해도 될 만한 무대를 치밀하게 준비해 왔을 가능성이 높습니다. 그래서 안타깝게도 피해 여성 혹은 남성이 눈치챘을 때는 이미 잘 만들어진 덫에 먹잇감으로 놓인 상황일 수 있습니다.

그리고 이 모든 것을 가능하게 하는 요소로, 관심을 빙자한 '감시'가 있습니다. 끊임없이 전화해서 어디서 무엇을 하고 있는지 일일이 확인하고, 피해자가 자신의 행적을 빠짐없이 보고하게 만드는 것이지요.

가해자의 일반적인 특징으로는 높은 성차별 의식과 성별에 따른 고정 관념, 두 사람 사이에서 우월한 지위를 차지하려는 권력욕, 자신은 대단한 사람이므로 더 좋은 대접을 받아야 하고 피해자가 항상 자신의 '기'를 살려 줘야 한다고 믿는 비대한 자아, 다른 사람 앞에서는 참아도 연인과 배우자에게는 화를 참지 않는 행동 등이 있습니다.[12]

교제 폭력 혹은 가정 폭력 역시 오랫동안 키워 온 잘못된 정신 상태와 피해자를 통제하고 감시하려는 치밀한 노력의 결과인 경우가 많습니다. 이 때문에 '한순간의 잘못'이라거나 '우발적 행동'이었다는 가해자들의 변명은 거짓이고, 이러한 변명이 결코 사회적으로 받아들여져서는 안 됩니다.

여기에 친밀한 관계에서의 폭력을 받아들이는 사회적 의식 수준이 중요한 역할을 합니다. 명백한 폭력을 '사랑싸움'이라거나 '둘만의 일', '집안일' 등으로 포장하며 폭력이 아닌 것처럼 여기는 사회에서, 그렇지 않은 사회에 비해 친밀한 관계에서의 폭력이 더 많이 발생한다는 연구 결과가 있어요.[13] 성폭력과 마찬가지로 IPV 역시 사회적 의식 수준에 따라 충분히 막을 수 있는 범죄임을 보여 주는 결과이지요.

## 싸워야 할 때 물러서지 말아야 하는 이유

인간관계에서 일어나는 갈등의 대부분은 차이를 받아들이지 못하는 사소한 문제에서 비롯되기 때문에 적당히 타협하고 합의점을 찾으면 쉽게 해소할 수 있습니다. 하지만 심각한 문제가 있는 경우라면 타협하기보다는 갈등을 지속하며 문제 해결을 모색해야 합니다. 문제 상황이 중단되거나 문제에 적절한 조치가 취해질 때까지 문제를 문제라고 지적하면서 사람들을 일깨우는 '프로 불편러'들이 필요한 이유입니다.

한 예로 학교에서 일어나는 폭력이나 성적 괴롭힘을 예방하기 위해서는 '제3자의 적극적인 개입'이 필요합니다. 교실 한구석에서 뻔히 잘못이 일어나는 것을 보고도 본체만체 넘어가는 것은 가해자에게 계속 폭력을 휘둘러도 된다는 메시지를 주기 때문입니다.

괴롭힘이 일어나는 상황을 마주했을 때는 지나가다가도 "그건 아니지.", "선을 넘었네.", "조금도 재미있지 않아."라고 표현함으로써 그런 행동은 용납할 수 없다는 메시지를 주거나, 표현이 어렵다면 상황을 중재할 수 있는 책임자, 가령 선생님이나 상담

그만해.
그거 폭력이야!

교사에게 알리는 것이 좋습니다.

성적 괴롭힘 역시 마찬가지입니다. 가정에서 학교에서 직장에서 스포츠 팀에서 일상적으로 일어나는 성희롱과 성추행뿐만 아니라, 여성의 머리가 짧다는 이유로, 남성과 동등한 지위를 주장했다는 이유로 시비를 걸거나, 온라인에서 고의로 약올리며 비웃는 행위로 괴롭히는 트롤링trolling에 시달리게 만드는 성차별적 학대sexist abuse도 사회에서 '잘못되었다'는 메시지를 줘야만 없앨 수 있습니다. 무심히 "쟤네 왜 저러냐."라고 멀리서 구경하는 게 아니라 좀 더 적극적인 개입이 필요하다는 뜻입니다. 모든 종류의 학대나 괴롭힘의 가해자들은 가만히 두면 괜찮은 줄 알고 폭력을 지속하는 성향이 있기 때문입니다.

가정 폭력이나 성폭력도 마찬가지입니다. 이런 사건이 일어날 때마다 "그럴 수도 있지."라거나, 피해자에게 "너무 예민하게 군다."라면서 폭력을 문제 삼지 않는 사회일수록 같은 일이 더 자주 일어나는 것으로 밝혀졌습니다.

안타깝게도 2020년 〈실험 사회 심리학 저널*Journal of Experimental Social Psychology*〉에 실린 심리학자 레이철 굿윈Rachael Goodwin 등의 연구에 의하면, 많은 사람들이 성희롱이나 성추행이 일어나는 장면을 보면 반드시 가해자를 말리고 신고할 거라 응답하지만, 실제로 폭력이 일어났을 때 가해자에게 맞서거나 신고하는 비율은 매우 낮은 것으로 나타났습니다.[14]

실험은 셋이 함께 대화를 나누는 상황으로 설정했습니다. 연구자들은 두 명의 참가자와 미리 짜고 남성 참가자가 여성 참가자를 상대로 성희롱 발언을 하게 했습니다. 예컨대 여성의 취미가 서핑이라고 했을 때 남성이 여성에게 수영복을 입은 모습을 보고 싶다며 불편한 대화를 이어갑니다. 눈앞에서 성희롱이 일어났을 때 이를 지켜본 나머지 참가자가 가해자(남성)를 저지하고 이후 연구자들에게 성희롱이 일어났음을 보고하는지가 연구자들의 관심사였습니다.

그 결과 사전 조사에서 64퍼센트에 이르는 사람들이 성적 괴롭힘이 일어나는 상황을 보았을 때 적극적으로 가해자를 저지하고 신고할 거라고 응답했지만, 실제로 가해자의 행동을 문제 삼거나 저지한 사람들은 13퍼센트에 그쳤습니다. 많은 이들이 자신은 방관자들과는 달리 정의롭게 행동할 거라고 생각하지만, 실제로 성적 괴롭힘이 일어나는 상황에서는 침묵을 선택한 것입니다.

미국에서 15만 명의 학생을 대상으로 조사했을 때 약 3만 명의 학생들이 학교에서 성적 괴롭힘이 일어나는 것을 직접 목격했다고 보고했지만, 이 중 절반은 아무런 행동을 취하지 않았고 오직 18퍼센트의 학생만이 가해자를 저지했다는 조사 결과도 앞의 실험과 비슷한 결과로 보입니다.

이어 연구자들은 특히 어떤 특성을 가진 사람들이 침묵하거나, 반대로 적극적으로 나서는지도 살펴보았습니다. 그 결과 목격자가 남성일 때보다 여성일 때 상황을 중재하고 신고할 확률이 높은 것으로 나타났습니다. 또한 '도덕적 용기moral courage'가 강한 사람이 그렇지 않은 사람들에 비해 이러한 상황에 더 적극적으로 개입하는 것으로 나타났습니다.

도덕적 용기란, 불의와 싸우는 행위가 사회적 규범에 어긋나고(가령 가해자가 어른일 경우 어린 사람이 어른에게 대든다는 비난을 감수해야 하는 상황), 자신에게 불이익이 올 수 있으며(가해자가 직장 상사인 상황), 다른 구성원들이 조직의 이미지가 나빠지니 문제를 조용히 덮고 넘어가자며 '집단 압력social pressure'을 행사하는 등 자신이 도덕적으로 행동했을 때 손해가 큰 상황에서도 잘못된 일에 대해 말하고 행동하는 용기를 말합니다.

직장 내 성적 괴롭힘은 대부분 지위를 이용해 일어나며, 수직적이고 폐쇄적인 조직에서 많이 일어나기 때문에 이를 고발했을 때 당할 불이익이나 집단 압력이 큰 편입니다. 따라서 성적 괴롭힘의 방조자가 되지 않으려면 단순히 성적 괴롭힘은 나쁜 것이라는 인식뿐만 아니라, 투철한 도덕적 용기와 강하고 구체적인 실천 의지가 뒷받침되어야 하지요.

한편 사람을 좋아하고 공감 능력이 뛰어난 사람들, 흔히 말하는 착하고 원만한 성품을 가진 사람들이 피해자를 위해 나설 것 같지만 현실은 조금 달랐어요. 평소 원만한 인간관계를 중시하는 사람들은 가급적 갈등을 피하고 '모두에게' 좋은 사람이 되고자 하는 욕구가 커서 피해자와의 관계뿐 아니라 가해자와의 관계도 신경 쓰는 모습을 보였습니다. 따라서 성격이 원만한 사람들이 그렇지 않은 사람들에 비해 성적 괴롭힘을 더 적극적으로 저지하는 현상은 나타나지 않았어요.

비슷한 예로, 공정함이나 정의 같은 가치보다 '충성', '의리' 같은 가치를 더 중시하는 사람들 역시 성적 괴롭힘을 막으려는 행동을 잘 보여 주지 않았습니다. 이들에게는 조직에서 '모난 돌' 또는 내부 고발자가 되는 것이 정의롭지 못한 일의 방조자가 되는 것보다 더 힘들게 느껴질 수 있기 때문으로 보입니다.

진정한 도덕성은 도덕적으로 올바른 말을 입에 담는 것보다, 현실에서 어떤 어려움이 닥쳐와도 도덕적인 행동을 실제로 행하는 것을 말합니다. 당장은 사소한 것처럼 보여도 폭력이나 불의는 가만히 두면 눈덩이처럼 불어나기 때문에 작은 괴롭힘도 적극적으로 알리고 대응하는 습관을 길러야 합니다. 또한 가해자의 변명에 맞장구치지 않는 것도 중요합니다. 어떤 경우에도 이런 행동은 용납되지 않는다고 단호한 태도를 보여야 합니다. 여기 네 개 문장을 꼭 기억하세요. "그건 폭력이야. 선을 넘었어. 하나도 재미있지 않아. 계속하면 신고한다!" 싸워야 할 때 물러서지 않는 것도 중요하니까요.

## 해로운 관계를 막아 주는 감사

다행히 우리에게는 관계에서 일방적인 착취를 막아 주는 장치가 있습니다. 대표적인 것이 바로 '감사'입니다. 감사는 "우리가 당신의 노고를 충분히 알고 있으며, 당신의 희생이 당연한 일이 아니라는 것을 알고 있다. 당신의 기여를 매우 값어치 있게 여긴다."라는 메시지를 전달하지요. 그래서 감사를 받았을 때는 힘든 일을 하고도 억울한 느낌이 들지 않고 되레 뿌듯함을 느낍니다.

반대로 감사가 없는, 서로의 노고를 인정하지 않고 자기만 희생했다고 주장하는 사람들로 가득한 조직이나 관계는 오래가지 못합니다. 다른 이들을 위해 아무리 애써도 누구 한 사람 알아주지 않기 때문에 어떤 의미나 보람도 느끼지 못하고, 따라서 애써 남 좋은 일을 할 이유가 없는 상황이 되는 것이죠. 열과 성의를 바칠수록 호구가 되는 기분이고, 결국 나 역시 다른 사람들을 이용해 이득만 챙기자고 생각하거나, 다른 사람을 위해 희생하는 일은 줄여야겠다고 다짐하게 되지요. 감사의 반대편에는 이기심과 불신, 의욕 상실이 자리하게 됩니다.

사회적 동물의 가치는 필연적으로 '자신이 사회적으로 인정받고 받아들여지는 정도'에 큰 영향을 받습니다. 아무리 똑똑해도 남들에게 인정받지 못하면 실력을 펼칠 기회조차 얻기 힘들뿐더러, 자신이 가치 있는 존재라는 느낌을 받을 기회가 줄어듭니다. 반면 크게 내세울 게 없어도 많은 이들에게 널리 알려지고 진지하게 받아들여지는 사람들은 그 자체로 사회적 지위를 얻게 됩니다.

심리학에서 정의하는 권력이란 '타인에게 유형무형의 영향을 줄 수 있는 힘'입니다. 타인에게 인정받고 나의 의견이 진지하게 받아들여지는 것, 즉 타인에게 영향을 줄 수 있는지 여부가(물론 이것이 전부는 아니지만) 우리의 사회적 지위 또는 가치가 되는 것입니다.

그러다 보니 누군가가 감사하다고 여길 만한, 즉 쓸모 있고 가치 있는 행동(봉사, 기부, 도움, 희생, 영웅적인 행동)을 했을 때, 도움을 받은 사람보다 준 사람이 더 자존감이 상승하고 자기 삶이 허무하지 않다는 보람이나 삶의 의욕도 높아지는 모습을 보입니다. 봉사 활동을 하는 사람들이 "준 것보다 받은 것이 더 많다."라고 말하는 것도 바로 이런 이유 때문이지요.

감사는 상호 신뢰와 협동, 관계 만족도를 높여 주고 불신과 불만, 이기심을 줄여 줍니다. '감사'는 또한 관계와 조직, 사회의 결속을 담당한다고 할 수 있지요. 사회적 동물에게 인간관계는 천국의 기쁨이 되는 동시에 자칫하면 지옥이 될 수 있는 중대한 사안인데요, "사람 하나 잘못 만나서……."로 시작하는 비극들이 그 예입니다. 이 때문에 사람들은 무의식중에도 상대를 신뢰할 수 있는 증거를 찾곤 하지요. 많은 경우 그 증거는 내가 생각하는 만큼 상대도 나를 생각하는지, 내가 이 관계를 중요하게 여기는 만큼 상대도 이 관계를 중요하게 여기는지, 내가 희생하는 만큼 상대도 나를 위해 희생할 수 있는지 여부에 달렸습니다. 결론적으로 많은 관계들이 가는 게 있으면 오는 것도 있을 때 유지되는데, 이를 관계의 '사회적 교환 이론social exchange theory'이라고 합니다.

앞서 언급했듯이 '감사'는 일단 내가 당신의 노고를 알고 인정한다는 표현입니다. 즉 당신의 노력을 당연한 일로 생각하지 않으며 보답하려는 의사가 있다는 시그널이지요. 따라서 상대방으로부터

감사를 받을 때 사람들은 적어도 자신이 호구이거나 상대방이 자신의 노력에 무임승차할 우려가 낮다고 판단합니다. 이처럼 관계가 서로에게 유익하다는 '상호성'에 대한 인식이 생길 때 그 관계는 신뢰할 만하고, 더 노력할 만한 관계가 되지요. 그 결과 서로 감사하는 관계가 자연스럽게 오래 지속된다는 것이 학자들의 설명입니다.

실제 연구에 의하면, 감사를 '받은' 사람들은 희생적인 일을 하고도 감사를 표하는 사람에게 더 큰 연대감을 느끼는 것으로 나타났어요. 또한 누군가에게 고마움을 느끼고 감사를 '준' 사람들은 그렇지 않은 사람들에 비해 고마운 이에게 더 큰 호감을 갖게 되고, 더 좋은 관계를 위한 노력과 책임감, 이 관계를 위해 헌신하겠다는 의지도 향상되는 것으로 나타났습니다. 감사를 주고받음으로써 서로를 위해 희생하고도 기쁨을 누릴 수 있고, 계속해서 함께 노력하는 관계가 만들어질 수 있다는 것입니다.

하지만 안타깝게도 많은 이들이 감사의 중요함이나 이로움을 과소평가하고 있습니다. 또한 감사의 말을 전하는 것이 어색하고 쑥스럽다고 여기기도 하지요. 하지만 시카고 대학교의 심리학자 니컬러스 에플리Nicholas Epley의 연구에 의하면, 감사를 건

네는 사람의 예상과 달리 감사를 받는 사람들은 훨씬 더 기뻐하고 어색함도 많이 느끼지 않는 것으로 나타났어요. 그도 그럴 것이 '당신의 친절과 노고를 알고 있으며, 나도 언젠가는 당신에게 도움이 되고 싶습니다.', '계속해서 당신과 좋은 관계를 이어 가고 싶어요.'라는 상대의 마음에 기분 나쁠 사람은 없기 때문이지요. 서로에게 좋은 사람이 되고픈 관계를 만드는 데 작은 감사의 표시만큼 효과적인 것은 없습니다.

## 인간은 이기적인 동물이 아닌 '사회적인 동물'

또 하나 다행스러운 점은, 인간이 그렇게 이기적인 존재만은 아니라는 사실입니다. 이기심을 '자신의 안전과 안녕을 우선시하는 것'이라고 정의한다면 인간이 이기적인 존재라는 말은 맞는 말 같습니다. 하지만 보다 중요한 사실은 이기심이 이타심의 반대편에 놓여 있는 것은 아니라는 점입니다. 그러니까 이기적인 동시에 이타적일 수 있고, 실은 이기적인 것과 이타적인 것 사이의 경계 자체가 모호할 때가 많기 때문이에요. 이는 우리가 근

본적으로 '사회적인 동물', 즉 관계를 통해 자신을 정의하고 관계를 통해 자신의 안전과 안녕을 확보하는 동물이기 때문입니다.

한 예로 영화 속 극한 상황에서 나타나는 인간의 이기심에 대해 영국 서식스 대학교의 존 드루리John Drury 교수와 동료들은 인간의 이기심과 집단 광기에 대한 증거가 희박하다고 지적합니다.[15] 비행기 추락과 같은 다수의 사상자가 발생한 대형 사고나 화재, 9·11 테러 사건 등 각종 재난 상황을 살펴보면 개개인의 이기적인 행동보다는 힘을 합쳐 부상자를 구하고 함께 살아남으려고 애쓰는 행동이 더 크게 눈에 띄었습니다. 비이성적이고 이기적인 행동이 문제가 된 경우는 연구 팀이 분석한 124건의 사건 사고에서 단 한 건 정도였다고 합니다.

또 극단적인 공포 상황이 닥쳤을 때, 대부분의 사람들은 혼자 도망치기보다 가까운 사람과 함께 안전한 장소를 찾는 경향을 보였습니다. 아이들은 다치거나 마음이 상했을 때 울면서 엄마 아빠를 찾지요. 무릎이 까졌다는 사실은 변하지 않지만 일단 보호자를 만나면 마음의 평화를 얻게 됩니다. 전쟁 상황에서도 아이들은 포탄이 떨어지는 것보다 보호자와 분리되는 상황을 더 두려워한다는 연구 보고가 있습니다. 어른도 마찬가지입니다.

일단 무섭고 이해하기 어려운 상황이 닥쳤을 때 사람들이 가장 먼저 찾는 것은 친구와 가족입니다. 그러다 보니 폭발물이 터지고 건물이 무너지는 상황에서도 곧바로 몸을 피하지 않고 서로를 찾아 우왕좌왕 헤매다가 뒤늦게 대피한다는 연구 결과도 있습니다.

재난이 일어났는데 친한 사람 여럿이 함께 있는 상황이라면 움직임이 가장 빠른 사람이 가장 느린 사람을 도와서 대피하는 일도 흔히 일어납니다. 각자 알아서 대피하기보다는 모두의 안전을 확인하려는 움직임을 보이고, 그 때문에 함께 있던 친구나 가족의 수가 많을수록 대피가 늦어지기도 합니다. 위급할수록 개인행동이 많아질 거라는 예상과 달리 위급할수록 집단행동이 두드러지는 모습을 보이기도 했어요.

인간에게 '죽음'을 떠올리게 했을 때, 혼자 잘 먹고 잘 사는 방법에 관심을 두는 것이 아니라 가족이나 친구처럼 친한 사람들을 떠올리며 자신의 소속 집단, 국가나 문화권에 더 큰 애착을 갖는다는 연구 결과도 있습니다. 사회적 동물인 인간에게 죽음 같은 거대한 위협과 맞설 수 있는 힘과 안정감을 주는 무기는 바로 사람인 셈입니다. 반면 많은 이들의 인생에서 가장 큰 고통을 주는 것 역시 사람인데, 이 또한 사회적 동물인 인간에게 타인이 미치는 영향력이 그만큼 크기 때문입니다.

또한 재난 상황이 닥치면 평소 친했던 사람이 아닌, 처음 보는 낯선 사람과도 남다른 유대감을 맺는 현상이 나타납니다. 2005년 영국에서 일어난 런던 폭탄 테러 생존자들을 대상으로 진행한 인터뷰에 따르면, 같이 도망쳤던 사람들의 인상착의를 기억하고 그 사람들의 안전을 확인하기 위해 주위를 둘러보았다든가, 다른 사람이 넘어졌을 때 반사적으로 일으켜 세우기도 했다는 증언이 많습니다. 소리치며 밀치기보다 정적에 가까운 고요 속에서 차분히 대피했다는 기록도 있어요. 9·11 테러 당시에도 소란스러움보다는 사람들의 망연자실함과 침묵이 더 인상적이었다는 회고도 많이 남아 있습니다.

함께 죽음을 헤쳐 나온 사람들 사이에는 일종의 전우애 같은 끈끈함이 나타나곤 합니다. 런던 폭탄 테러의 한 생존자는 "1분 전까지 전혀 몰랐던 낯선 사람이 어느덧 세상에서 가장 가깝고 중요한 사람처럼 느껴지는 경험을 했다."라고 언급했어요. 극한 상황에서는 오히려 나와 타인의 경계가 모호해지고 타인의 안전이 곧 나의 안전인 것처럼 느껴지기도 하는 것이죠. 어쩌면 수많은 재난에도 불구하고 인류가 이렇게 살아 존재하는 이유가 아닐까요? 내가 혼자서 이길 수 없는 것은 함께 힘을 합쳐 이겨 나가면 되니까요.

## 해 보기

이용당하고 착취당하는 해로운 관계를 좀 더 빨리 현명하게 알아챌 수 있는 방법은 무엇일까요? 상대방이 교묘하게 나를 비난하거나 내 자존감을 깎아 내리는 행동을 하지는 않는지 아래 내용을 살펴봅시다.

### 이런 말을 하는 사람이 곁에 있나요?

본인이 잘못을 저지르고도 "네가 그러니까 내가 이러는 거지!"라며 책임을 돌리거나, "나니까 너랑 친구 하는 거야."라며 은연중에 나의 자존감을 깎아 내리고 자신에게 의존하게 만드는 말을 하는 사람이 곁에 있나요?

또 "네가 나를 좋아한다면 ~정도는 허용해야지."라는 말로 내가 원하지 않는 신체 접촉을 요구하거나, 대신 숙제를 해 달라는 등 지나친 부탁을 하는지도 생각해 보세요. 만약 이런 사람이 있다면 어느 정도 거리를 두거나 믿을 만한 주변의 어른에게 상담하는 것이 좋습니다. 착취적이지 않은, 서로가 행복할 수 있는 건강한 관계를 찾아 그 사람과 더 많은 시간을 보내기 위해 노력해 봅시다.

## 필요할 땐 단호하게 거절하기

만약 상대에게 나쁜 의도가 없는 것 같다면 나의 나쁜 점보다 좋은 점을 더 많이 봐 달라고 요청하거나, 자꾸 나를 깎아 내리는 말을 하는 이유가 무엇인지 대화를 나눠 보는 것도 좋습니다.

"No!"라고 말해야 할 상황에서는 최대한 단호하고 진지하게 거부 의사를 밝히세요. 화낼 필요는 없지만 분명하게 "그건 조금 어려울 것 같아.", "나는 다르게 생각해.", "그런 이야기를 들으면 기분이 좋지 않아." 하고 자신의 의사를 분명히 표현하세요.

## 교제 폭력 상황 알아차리기

폭력을 위한 덫을 만들어 가는 과정은 작은 것에서 시작됩니다. 아래 체크리스트를 살펴봅시다.[16]

| | |
|---|---|
| 당신은 | • 연인이 종종 두렵게 느껴진다.<br>• 연인에게 나쁜 대접을 받아 마땅하다는 생각이 든다.<br>• 스스로 이상한 사람은 아닌지 의심한 적이 있다. |

| | |
|---|---|
| 남자 친구/<br>여자 친구가 | • 나에게 모욕을 주거나 고함을 친 적이 있다.<br>• 비판적이고 나의 자존감을 깎아 내린다.<br>• 자신의 공격적인 행동이 내 탓이라고 이야기한다.<br>• 나를 같은 인격체가 아닌 소유물, 성적 도구로 여긴다.<br>• 나나 내 주위 사람들을 해치겠다고 협박한 적이 있다.<br>• 원치 않는 스킨십을 요구한 적이 있다.<br>• 물건을 자주 부순다.<br>• 의심과 질투심이 많다.<br>• 내가 어디를 가고, 누굴 만나는지를 통제하려 든다. |

이 외에 "원하는 대로 하지 않으면 자살하겠다." 같은 협박으로 특정 행동을 하게 만드는 것도 심각한 폭력입니다. 특정 행동을 하도록 상대의 심리 상태를 조종하는 행위 모두가 강압과 폭력에 해당하기 때문입니다. 힘을 쓰는 폭력만 폭력인 것은 아닙니다.

교제 폭력이 의심된다면 한국여성의전화(02-2263-6464~5)나 여성긴급전화(1366)에 문의하세요.

Part 3

# 나는 왜 타인에게 휘둘릴까?

나는 나를 지키지

## ‘인싸’ 친구도 소외감을 느낍니다

사람들이 영화나 드라마 이야기를 한창 하고 있는데 나만 안 봐서 대화에 전혀 끼지 못할 때, 친구들이 나만 빼고 놀러 간다고 할 때, SNS에서 모두가 즐겁게 소통하는데 나만 소외된 것 같을 때처럼 우리는 친구들 무리에서 어울리지 못하고 혼자 빠져나와 있다는 느낌을 받을 때 소외감을 느낍니다.

저도 마찬가지예요. 내가 모르는 곳에서 친구들이 나 빼고 즐겁게 보낸다는 상상만 해도 의기소침해지고 우울해지곤 합니다. 어찌 보면 별일 아닌 듯싶은데 왜 우린 이런 사소한 일로도 금방 소외감을 느끼는 걸까요?

그나마 한 가지 위안이 되는 것은, 인간이라면 누구나 아주 작은 일로도 쉽게 소외감을 느낀다는 점이에요. 사람을 세 명 모아서 공놀이를 한다고 해 봅시다. 두 명이 짜고 다른 한 명에게 공을 주지 않아요. 이런 상황에서 소외된 사람에게 어떤 일이 일어나는지 관찰하면, 단 몇 분 만에 외로움과 소외감을 느끼고 삶의 만족도가 떨어지는 것을 알 수 있습니다.

소외감을 느낄 때 우리는 신체적 아픔을 더 크게 느끼기도 합니다. 펜스테이트 애빙턴 대학교의 심리학자 마이클 번스타인 Michael Bernstein 연구 팀은 공놀이에서 한 사람을 소외시키는 실험을 한 뒤 참가자들의 피부를 누르며 아프다고 느껴질 때 "지금!"이라 말하고, 더 이상 아픔을 참지 못할 것 같을 때 "그만!"이라고 외치게 했어요. 그랬더니 소외당한 사람들은 그렇지 않은 사람들보다 더 작은 자극에도 아픔을 느끼고 고통을 잘 참지 못하는 등 고통에 대한 민감도가 상승한 모습을 보였습니다.

이 외에도 타이레놀처럼 신체적 통증을 줄여 주는 약을 먹으면 외로움을 덜 느낀다거나, 상처받은 마음의 고통을 처리하는 뇌 부위와 신체적 고통을 처리하는 뇌 부위가 상당 부분 겹친다는 사실 등 외로움과 소외감이 주는 고통이 신체적 고통과 맞먹을 만큼 실제로 느끼는 아픔이라는 사실이 밝혀지기도 했지요.

신체적 고통이 불쾌하게 느껴지는 만큼 우리는 고통을 피하기 위해 몸을 안전하게 지키려고 하지요. 뜨거운 불 가까이 손을 대지 않고, 물체가 날아오면 자동으로 몸을 피하거나 팔로 얼굴을 가립니다. 안전이 생존에 중요하기 때문에 우리 몸이 다치지 않도록 도와주는 다양한 신호와 본능이 우리 안에 있는 거예요.

사회적 고통도 마찬가지입니다. 함께 어울려 사는 것이 중요한 만큼 소외감이나 외로움의 고통도 크지요. 그래서 우리가 사회적 무리에서 소외되지 않도록, 혼자 지내야 하는 상황을 피할 수 있도록 우리 안의 신호가 깜빡이는 것입니다. 결국 사회적 상황에서 일어나는 온갖 감정들, 즉 외로움, 소외감, 부끄러움 같은 감정은 여러분에게 소중한 관계를 만들고 이를 지켜 내기 위한 알람 역할을 합니다.

좀 더 자세히 살펴볼까요? 우선 외로움은 어떤 경우에도 믿고 의지할 만한 깊은 관계가 있는지에 대한 알람입니다. 예를 들어 만나면 인사하고 일상적인 대화를 나누는 친구들은 꽤 많지만 나의 속마음과 비밀, 상처를 내보이고 의지할 만큼 깊은 인간관계를 만들지 못했다면 친구가 아무리 많아도 여전히 '나를 진정으로 이해하는 사람은 없는 것 같다.'라고 외로움을 느낄 수 있습니다. 즉 외로움은 겉보기와 조금 다를 수 있답니다.

다양한 모임에 참여하고, 또 많은 사람을 알고 있는 이른바 '인싸'라 해도 자기 모습을 있는 그대로 보여 줄 수 있는 친밀한 관계를 만들지 못했다면 외로움을 느낄 수 있어요. 제 주변에도 모든 사람과 골고루 잘 지내는 편이지만 '진짜' 친구는 많지 않은 사람들이 있어요. 생각보다 많은 사람들이 고질적인 외로움을 호소한다는 통계를 보면 이런 사람이 적지 않다는 사실을 알 수 있지요.

여러분은 어떤가요? 딱히 인간관계에 큰 문제는 없지만 어딘가 비어 있는 듯한 느낌을 받지는 않나요? 나의 본모습을 알고 내 부족함까지 사랑해 주는 사람은 없는 것 같다고 생각해 본 적이 있나요? 여러분이 의식적으로 그렇게 생각하지 않아도 외로움을 느낀 적이 있다면, 지금 여러분 안에서 '마음을 털어놓을 사람이 필요해.'라는 메시지를 보내고 있는지도 모릅니다.

혼자 며칠을 끙끙 앓으며 고민하던 문제를 누군가에게 털어놓는 순간, 더 이상 큰 문제로 느껴지지 않는 시원함을 경험해 본 적이 있을 거예요. 또 아무도 이해할 수 없을 것 같던 나의 생각이나 감정을 누군가가 이해해 줬을 때 느낀 행복감은 어떤가요? 마음과 마음이 통하는 순간만큼 우리의 빈 마음을 따듯하게 채워 주는 건 없죠. 외로움을 느낀다는 것은 바로 이런 경험들이 여러분에게 조금 더 필요하다는 신호입니다.

그러니까 외로움이 찾아왔을 때 나는 앞으로도 영원히 외톨

이일 거라고 비관하거나, 인간관계는 모두 부질없다고 포기하지 않았으면 해요. 그보다는 다른 사람과 마음을 나눌 기회를 찾아보는 것이 좋겠죠?

소외감도 마찬가지예요. 사람들과 좋은 관계를 형성하는 것이 우리 삶과 생존에 중요하다 보니, 우리 마음은 항상 내가 사람들로부터 멀어져 있거나 교류할 기회를 놓치고 있는 건 아닌지를 살피고, 그런 상황이 오면 우리에게 일종의 경고를 보냅니다. 소외감이 고개를 드는 것은 '요즘 친구들이랑 조금 멀어지고 있는 것 같아. 가까워질 기회가 생겼을 때 좀 더 적극적으로 나서 보면 어때?'라고 우리 안에서 메시지를 보내는 거예요.

물론 실제론 별문제 없겠지만 혹시 모르니까 한번 생각해 보라고, 용기를 내 보라고 넌지시 알려 주는 것이지요. 그러니 소외감을 느낀다고 해서 내가 지금 소외되는 것으로 해석하고 불안해하지 않아도 돼요. 다만 '그런가? 한번 확인해 볼까? 요즘 친구들한테 내가 조금 소홀했나? 공통의 대화 주제가 별로 없었나?'라고 생각하며 관계의 상태 창을 열어 점검해 보면 됩니다.

만약 내가 요즘 귀찮아서, 다른 일로 바빠서, 집안일 때문에 혹은 다른 이유로 친구들에게 조금 소홀했다는 판단이 들면 친구들과 속 깊은 대화를 나눌 수 있는 기회를 마련해 보는 거예요. 소외감이나 외로움은 자연스러운 감정이에요. 이런 감정을 느끼는 자신을 탓하지 않기! 비관이나 지나친 해석도 주의할 것! 이 두 가지를 꼭 기억하세요.

## 타인의 평가에 상처받은 하루

우리는 잘 보이고 싶은 사람에게 좋지 않은 평가를 받거나, 사람들이 나를 싫어한다는 얘기를 들으면 마음이 철렁 내려앉습니다. 그야말로 "상처받았다."라는 말이 절로 나오는 상황이지요.

내가 정말 중요하게 여기고 잘하고 싶은 일처럼, 나의 모든 것을 걸고 애쓰는 영역에서 부정적인 평가를 받고 심지어 거절당하는 경험은 매우 쓰리고 아픕니다. 예컨대 TV 오디션 프로그램에서 참가자가 자신의 모든 것을 쏟아부은 연기나 노래, 연주를 보여 준 뒤에 심사 위원으로부터 인정사정없는 비판을 들었을 때 그 모습을 지켜보는 사람도 당혹스럽고 안타까운 감정을 느끼게 됩니다. 대놓고 너는 가치 없는 인간이라는 듯한 평가를 받으면 누구나 무너집니다.

자신이 매우 중요하게 여기는 영역뿐 아니라, 실험실에서 하는 아무 의미 없는 가짜 테스트에서도 "네가 무능해 보여서 참가자들이 너와 함께 과제를 하고 싶어 하지 않는다."라는 얘기를 들으면 대부분의 사람들은 크게 좌절하는 모습을 보입니다.

이처럼 타인으로부터 받는 차가운 평가는 언제나 두렵고 무섭습니다. 우리의 사회적 가치와 자존감의 상당 부분이 타인의 평가에 달려 있기 때문이지요. 곰곰이 생각해 보면 우리가 좋아하고, 또 잘한다고 자부하는 대부분의 활동이 다른 사람들이 보기에도 좋은 활동인 경우가 많습니다. 만약 우수한 성적, 매력적인

FAIL
FAIL
PASS

외모, 뛰어난 예술성, 근면 성실함 등이 사회적으로 지탄받는 나쁜 행동이라면 지금처럼 목표로 삼아 애쓰지도 않을 거예요. 한편 그다지 중요한 재능이나 덕목이라고 생각하지 않았던 나의 특성이 누군가에게는 나를 높이 평가하게 만드는 요소라면 나는 스스로 좀 괜찮은 사람 같다는 생각이 들기도 합니다.

이렇듯 우리가 가치 있게 여기고 추구하는 대부분의 행동이 알게 모르게 타인의 평가에 영향을 받고 있습니다. 그래서 자존감, 즉 내가 나에 대해 내리는 주관적인 평가에도 타인의 기준이 들어가 있지요. 이 때문에 우리는 성적이 좋지 않다거나 외모가 매력적이지 않다는 등의 기준으로 자신을 싫어하기도 해요.

사실 내가 나로 살아가는 데 있어 학교 성적이나 외모가 매 순간 영향을 미치는 것은 아닙니다. 더욱이 내 외모는 내가 24시간 내내 볼 수 있는 것도 아니잖아요. 성적과 외모 때문에 오늘 점심으로 먹은 떡볶이의 맛이 달라지거나 좋아하던 취미가 갑자기 싫어지는 일은 일어나지 않아요. 그런데도 우리는 자신을 바라볼 때 타인의 시선을 빌리고 있어서 성적이나 외모에 신경을 쓰게 됩니다.

심지어 어떤 기준을 충족하지 못하면 불행하다거나 스스로가

아무 가치 없는 사람인 듯한 기분을 느끼기도 합니다. 만약 어떤 사람의 가치를 판단하는 데 성적이 더 이상 중요한 평가 기준이 아니고, 세상 사람들이 시력에 문제가 생겨 서로의 외모를 보지 못하게 된다면 지금처럼 성적과 외모 때문에 움츠러드는 일은 없을 거예요.

이렇게 타인의 시선이 곧 내가 나의 가치를 판단하는 자존감 또는 자기 가치감의 척도가 되기 때문에, 나쁜 평가를 받으면 마치 나라는 존재의 가치가 하락하는 듯한 위협을 느낍니다. 그만큼 나쁜 평가에 대한 두려움이 클 수밖에 없지요.

평가에 대한 두려움은 자연스러운 현상이지만 문제는 그것이 지나칠 때입니다. 때로는 평가에 대한 두려움이 너무 지나쳐 새로운 도전을 겁내기도 하니까요. 다른 사람들이 이상하게 볼까 봐 하고 싶은 일을 하지 못한 경험들이 여러분에게도 한두 가지씩은 있을 거예요. 노래를 좋아하지만 못 한다는 소리를 들을까 봐 노래 교실에 가지 못하는 사람, 발레를 배워 보고 싶지만 남들 앞에서 비웃음을 살까 봐 시작도 못 하는 사람 등 아직 일어나지도 않은 '가상의 평가'에 대한 두려움 때문에 꼼짝 못 하는 일은 생각보다 흔합니다. 조금 못한다고 해서 큰일 나는 것도 아닌데 이렇게까지 두려워할 필요가 있나 싶을 정도로요.

연구자들은 자신이 온 열정을 바쳐 진행한 연구를 사람들 앞에서 발표하고, 논문으로 평가받는 일이 일상인데요, 제가 아는 교수님은 모든 사람이 자신을 싫어하는 것처럼 느껴진다고 말한 적이 있어요. 학생들은 자기가 과제를 내주기 때문에 싫어하고, 다른 교수님과 연구자들은 자신의 연구를 비판하기에 바쁘고, 농담 반 진담 반으로 미움받는 일이 일상이라는 푸념이었습니다. 우리는 언제쯤 이런 평가의 두려움에서 벗어날 수 있을까요?

## 평가의 두려움에서 벗어나기

거절이나 비판에 대한 두려움을 이겨 내는 일이 가능한지, 어떻게 하면 이길 수 있는지 같은 분야를 연구하는 친한 선생님께 물은 적이 있어요. 선생님은 잠시 생각하더니, 아무래도 시간이 지나면서 부정적 평가에 덜 흔들리는 것 같다고 하시더군요. 학자로서의 입지를 다지면서 다른 학자들의 부정적 평가가 영향력을 덜 발휘하게 되고, 늘 좋은 평가를 받아야 한다는 압박감도 줄어든다고요. 그러니까 주변 사람들의 시선과 상관없이 나의 실력을 갈고닦는 일이 장기적으로는 가장 중요하다는 것이죠.

무엇보다 평가에 대한 두려움은 영원히 사라지지 않을 것이라는 사실을 받아들이는 게 중요하다는 말과 함께 타인의 평가가 정말 필요한 순간과 그렇지 않은 순간을 구분할 줄 알아야 한다고 덧붙였습니다. 심사나 면접을 보는 순간에는 타인의 평가가 중요하지만 그렇지 않은 순간, 예컨대 앞으로 마주칠 일 없는 사람이 안 좋은 얘기를 하는 것 정도는 대수롭지 않게 넘길 수 있어야 한다는 것이지요. 그건 나에게 아무런 객관적인 영향을 미칠 수 없는 평가니까요.

정리하면, 평가에 대한 두려움은 결국 눈앞의 상대방이 나를 좋게 생각했으면, 내 가치를 높게 쳐줬으면 좋겠다는 바람 때문에 생깁니다. 하지만 이런 바람과는 별개로 누군가의 평가가 내 삶을 뒤흔들 만큼 중요한 상황은 생각보다 많지 않습니다. 이른바 흔한 쪽팔림의 상황은 내게 별다른 영향력을 미치지 못합니다. 그로 인해 일자리를 잃고 미래가 바뀌는 경우는 드물기 때문이죠. 달리 말하면 정말 누군가에게 잘 보이고 좋은 평가를 받아야 하는 순간은 그리 많지 않습니다.

평가에 항상 이유가 있는 것도 아닐뿐더러, 설령 이유가 있다 해도 그게 꼭 사실인 것도 아닙니다. 어차피 사람이 여럿 있으면 그중에는 아무 이유 없이 나를 나쁘게 보는 사람이 있기 마련이잖아요. 우리도 이유 없이 불편한 사람이 있는 것처럼요.

평가를 내리는 상대방도 결국 부족함 많은 인간일 뿐이라는 사실을 기억하세요. 한 예로 사람이 사람을 판단하는 과정은 객관성이나 공명정대함과는 거리가 멉니다. 선입견이나 고정 관념 같은 색안경이 끼어들기 때문입니다. 누군가를 아무리 오래 보았다고 해도 그 사람을 24시간 365일 지켜보지 않는 이상, 그 사람의 모든 것을 알 수는 없어요.

어차피 타인에 대해 내리는 평가란 매우 제한된 정보를 가지고 대충 찍는 수준을 벗어나기 어렵습니다. 그런 까닭에 어떤 사람과 함께 오래 지내보니 생각했던 것과 조금 다르다며 평가의 내용이 바뀌는 경우도 많아요. 결국 우리가 그토록 두려워하는 타인의 평가란 편견과 오해, 제한된 정보가 만들어 낸 추측에 불과합니다.

우리가 진짜 두려워해야 할 평가의 상황이 그렇게 많지 않다면, 또한 평가의 내용이 고정된 것도 아니라면 타인의 시선을 두려워할 필요도 없지 않을까요? 마치 나의 생사를 좌우할 것 같은 면접관도 실은 시도 때도 없이 머리 북북 긁고 방귀 뀌고 주말에는 잠옷 차림으로 소파에 널브러지는 평범한 사람인걸요.

어쩌면 두려움도 나의 습관일지 모릅니다. 가상의 평가에 대한 두려움 때문에 몸과 머리가 굳어 버릴 때면 이것이 진짜 두려워할 상황인지, 별로 중요하지 않은 상황에 겁먹은 건 아닌지, 한 발짝 떨어져서 생각해 보는 것만으로도 쓸데없는 두려움으로부터 어느 정도 자유로워질 수 있을 겁니다.

## 혹시 '가짜 소외감'을 느끼고 있지 않나요?

인간관계에서 아직 아무 일도 일어나지 않았는데 사람들에게 미움받을까 봐 미리 겁먹는 것처럼 어떨 때는 사람들이 나를 싫어하는 것도, 나를 소외시키는 것도 아닌데 그냥 내 마음이 이런 가짜 소외감을 만들어 낼 때가 있습니다.

인정받고 싶어서, 더 쓸모 있는 사람이 되고 싶어서 스스로를 채찍질하는 A가 있습니다. A는 늘 열심히 살지만 어째서인지 자기 자신을 지나치게 깎아 내리고 삶에 대한 회의가 심한 편입니다. 정작 A를 아끼는 주변 사람들은 A가 유능해서가 아니라 상냥하고 다정해서, 자기만의 가치관을 가지고 있어서 A를 좋아합니다. 그러나 A는 일도 학업도 더 잘해야만 사랑받을 수 있다는 강박에 사로잡혀 있습니다.

혹시 여러분은 시험에서 한 문제 틀렸을 때, "하나밖에 안 틀렸어!"하고 기뻐하나요? 아니면 100점이 아니라서 실망하나요? 숙제를 할 때도 어떻게든 더 잘해 가려고 밤을 새우거나, 어떨 때는 목표가 너무 거창해서 주어진 시간에 과제를 마무리하지 못한 경험은 없나요? 사람들 앞에서 작은 실수도 보이기 싫고, 조금만 실수해도 사람들이 나를 비웃을 거라고 생각하지는 않나요? 이런 행동들은 99점을 맞아도 100점이 아니라는 사실에 충격을 받고 만족하지 못하는 완벽주의자들에게서 흔히 볼 수 있는 것입니다.

일반적으로 완벽주의는 완벽에 대한 강박, 실수에 대한 지나친 걱정, 자신에 대한 높은 기대치, 자기 비하, 자신을 향한 의심 등이 뒤섞여 나타납니다. 완벽해지기 위해 기울이는 노력이 주는 유익함이 있을 것 같지만, 안타깝게도 그 비용이 적지 않다는 것이 문제입니다. 영국 요크세인트존 대학교의 마틴 스미스 Martin Smith가 진행한 연구에 의하면, 아주 작게라도 흠집 나는 것을 걱정하거나 완벽을 추구하는 것 모두 우울증과 연관이 깊다고 합니다.[1]

우선 완벽주의 성향의 사람들은 그렇지 않은 사람들에 비해 불필요한 스트레스를 스스로 만들어 내는 경향을 보입니다. 이들은 흠집 없는 상태를 목표로 하는 만큼 작은 실수나 결함에도 커다란 충격을 받습니다. 또 자기 자신에 대한 기대치가 높아서 하루에 네 시간만 자고 공부해야 한다거나 전 과목 만점을 받아야 한다고 생각하는 등 과한 기준을 잡고 자진해서 지옥 불을 향해 걸어 들어가는 모습을 보여 줍니다.

완벽주의는 인간관계를 어렵게 만들기도 합니다. 완벽주의자들은 일에서뿐만 아니라 사회적 관계에서도 크게 스트레스를 받는 경향을 보입니다. 예를 들어 완벽주의자들은 다른 사람들이 자신에 대해 나쁜 평가를 내리고 실망할 거라 생각하는데요, 아무래도 본인이 스스로에 대해 비판적이고 평가적인 태도를 보이는 만큼 다른 사람들 눈에도 자신이 부족한 사람으로 비칠 거라고 생각하는 것입니다. 심지어 사람들이 자신을 싫어한다고 생각하기 때문에 사람들에게 쓸데없이 적대적인 태도를 보이기도 합니다. 이 과정에서 소외감을 많이 느끼게 됩니다.

사람들을 부정적으로 바라보기 때문에 친밀한 인간관계를 쌓기 힘들 뿐 아니라 목표를 달성하는 과정에서 타인과의 관계를 소홀히 하여 사람들과 멀어지기도 합니다. 일과 인간관계가 양립하기보다 둘 중 하나만 가능하다는 식의 태도를 보이고, 주로 목표 달성을 위해 관계의 가치를 희생시키는 편입니다.

그러다 보니 친밀한 관계를 제대로 쌓지 못하고, 이로 인한 외로움이 우울 증세를 악화시키기도 합니다. 즉 완벽주의적인 태도는 일에 있어서뿐만 아니라 인간의 행복에 중요한 영역인 사회적 관계에서도 많은 스트레스와 외로움을 유발한다는 것이죠.

한 가지 더 안타까운 사실은 완벽주의적인 사람들은 그렇지 않은 사람들에 비해 주변 사람들의 시선을 더 많이 의식하고, 인정받고자 하는 욕구도 높습니다. 그러나 일에서는 유능하지만 정작 인간관계를 돌보지 않기 때문에, 자신이 그토록 원하던 다른 사람의 인정을 받지 못하는 경우가 많습니다.

많은 사람들로부터 유능한 사람이라는 평가를 받는 대가로 주변 사람들과의 친밀한 관계를 잃는다면, 유능하다는 이미지는 자신의 행복에 전혀 도움이 되지 못하는 허깨비일 뿐이에요. 사람들은 유능하고 완벽한 사람을 '선망'할지 몰라도, 정작 좋아하고 친해지고 싶어 하는 사람은 유능하지 않아도 자기가 힘들 때 믿고 의지할 수 있는, 부르면 언제든 달려와 주는 따듯하고 헌신적인 사람입니다. 자신이 멋지다고 으스대며 과시하는 사람만큼 가까이 지내기 싫은 사람도 없지요.

행복한 삶을 살아가는 데 진짜 중요한 것들은 대부분 소박하고 허름해서 자칫 지나치기 쉬운 것들입니다. 시험에서 받는 100점이 중요한 게 아니라 친구들과 추억 만들기, 소중한 사람과 마음을 나누는 경험이 나의 행복에 더 중요할지 모릅니다.

## 나는 꽤 괜찮은 사람입니다

완벽주의자처럼 스스로에 대해 지나치게 높은 기준을 설정하고 있거나, 또는 아직 친밀한 관계를 맺지 못해서 등 다양한 이유로 주변의 사랑을 과소평가하는 사람들이 있습니다. 평소 자기 비난이 심하고 자신에게 가혹한 이런 사람들은 상대가 주는 사랑을 있는 그대로 받아들이지 못합니다. '저 사람이 나를 사랑할 리 없어.'라며 상대가 주는 사랑이 100이라면 그걸 70~50으로 깎아서 받는 것입니다.

한 연구에서는 실험 참가자들에게 낯선 사람들 앞에서 발표하기와 같은 어려운 과제를 내주고, 친한 이가 힘내라고 메시지를 보내왔다며 모두에게 '같은' 내용의 메시지를 보여 주었습니다.[2] 응원 내용은 같았지만 자기 비난이 심한 사람들은 그렇지 않은 사람들에 비해 '이 응원이 진심이 아닐 가능성'을 떠올리며 상대가 별로 응원하고 싶지 않은데 억지로 보낸 것이라고 꼬아서 생각하는 등 응원의 힘을 제대로 누리지 못하는 모습을 보였습니다.

반대로 사랑과 응원이 있고 없고와는 상관없이 자신이 평소 사랑받고 있다고 생각하는 사람들은 어려운 상황이 닥쳐도 스트레스를 덜 받는 모습을 보여 줍니다.[3]

사랑과 응원을 받아도 그걸 내가 받아들이지 않으면 아무 소용이 없습니다. 우선 내가 사랑받을 준비를 갖추는 것도 매우 중요합니다. 주변의 사랑과 응원이 없다고 느껴질 때, 정말 없는 것인지 아니면 내가 보지 못하는 건 아닌지 생각해 볼 필요가 있습니다.

한편 의외로 많은 사람들이 주변에서 보내는 사랑을 실제보다 과소평가하는 경향을 보인다는 연구 결과가 있었습니다.[4] 즉 내가 주변으로부터 받는 사랑을 10점 만점에 6점으로 생각하고 있다면 실제로는 그 이상일 가능성이 높다는 것이죠. 특히 거절에 대한 두려움이 크거나 상대방의 눈치를 심하게 보는 경우, 자신이 받는 사랑을 과소평가하는 경향이 크다는 결과도 있습니다. 여러 연구 결과를 보니, 내가 좋아하는 사람들이 실제로는 내가 생각하는 것 이상으로 나를 좋아한다고 생각하게 됩니다. 그렇다면 그런 나 역시 꽤 괜찮은 사람이 아닐까요?

## '인간관계는 어렵다'에서 시작하기

이제까지 외로움과 소외감이 무엇인지 이해하고, 사람들의 평가에 대한 두려움이나 가짜 소외감에서 벗어나는 방법에 대해 살펴보았어요. 하지만 그렇다고 해서 인간관계가 갑자기 쉬워지는 것은 아닙니다. 특히 친구들에게 따돌림당하거나 믿었던 사람에게 배신당하는 뼈아픈 경험을 하고 나면 더 이상 누구도 믿지 못할 것 같고 앞으로도 비슷한 일이 반복될 것만 같아서 불안하고 과거의 상처에 묶인 채 꼼짝 못 하는 경험을 하게 되지요.

저 역시 사람을 만나기가 한없이 어렵게만 느껴지던 때가 있었어요. 중학교에 입학했을 때, 초등학교 시절에 있었던 일이 부풀려져서 학교에 이상한 소문이 퍼진 거예요. 그 일로 친구들 사이에 큰 싸움이 벌어지기도 했지요. 그전까지 친했던 친구들이 편을 갈라 서로를 미워하고, 다툼이 반복되었어요. 갈등이 풀리기까지는 꽤 많은 시간과 노력이 필요했습니다.

대학 때는 입학하기도 전에 사기꾼을 만난 적이 있어요. 학교에서 하는 설문 조사라는 말에 별 의심 없이 개인 정보를 적어 주었는데 제 연락처가 엉뚱한 종교 단체로 흘러간 거예요. 나중에 알고 보니 설문 조사라는 말은 거짓이었고, 학교 선배라는 사람들이 포교를 위해 신입생만 골라서 속인 사기였어요.

아무튼 새로운 환경을 접하면서 잔뜩 기대했던 인간관계의 첫 단추를 사기와 오해로 시작한 경험이 안 좋은 기억으로 깊이 남았던 것 같아요. 사람들이 무섭기도 하고, 낯선 사람을 쉽게 믿어선 안 된다는 경계심도 커졌어요. 그래도 여전히 혼자가 되기는 싫다는 생각이 뒤엉켜 갈팡질팡했지요. 당시에는 사람을 만날 때면 생각이 많아지고 식은땀이 나고, 어떻게 행동해야 좋을지 몰라 눈앞이 하얘지기도 했어요. 그래서 한동안 사람이 많이 모이는 모임을 피하며 스스로 외톨이를 자처했지요.

그러던 중 큰 도움을 준 깨달음이 있었어요. 바로 "사람, 다 거기서 거기!"라는 메시지인데요, 깨달음이라고 하기에는 조금 거창하지만 인간관계가 나한테만 어려운 것이 아니고 모두에게 조금씩 어렵다는 사실을 알게 된 거지요. 언제나 쾌활해 보이던 친구가 당시 별로 친하지도 않았던 제 앞에서 눈물을 흘리며 인간관계가 힘들다고 고민 상담을 요청한 일이 있었어요. 또 오래전 학교 폭력에 시달린 이야기나, 부모님에게 받은 학대로 마음에 상처를 안고 지내는 친구들의 이야기도 듣게 되었어요.

인간관계에 서툴렀던 제게 먼저 마음을 열고 자기 이야기를 들려준 사람들을 통해 저뿐만 아니라 많은 사람들이 가족, 친구, 연인 등 친밀한 관계에서 큰 상처를 받은 경험이 있다는 것을 알게 되었어요. 겉으로는 전혀 그렇지 않아 보여도 속으로는 어느 정도 긴장하고 두려워한다는 것을, 다들 많은 상처를 안고 있고 더 이상 상처받고 싶지 않아 한다는 것을, 알고 보면 모두 비슷하다는 사실을 알게 되었지요.

멋지고 카리스마 있어 보이는 사람도, 너무 차가워서 대하기 어려워 보이는 사람도, 나를 평가하려고 벼르는 사람도 모두 관계의 기쁨과 슬픔을 겪으며 살아왔음을, 상처받지 않기 위해 나름의 갑옷을 두른 채 자신을 보호하고 있다는 사실을 알고 나니 사람들이 조금 달리 보이기 시작했어요. 나만 어색한 순간을 꺼리는 것이 아니라 저 사람도 사실은 나만큼이나 떨고 있다고 생각하니 연민과 동지애가 생기기 시작했습니다.

내가 실수하듯이 저 사람도 실수할 테고, 내가 누군가에게는 좋은 사람이 아닌 것처럼 저 사람도 나에게는 좋은 사람이 아닐 수 있다는 것, 즉 관계가 잘못되는 것이 누군가의 일방적인 잘못 때문이 아니라는 사실도 알게 되었어요. 우리는 모두 갈팡질팡하고 두려움으로 가득한 미완의 존재라는 사실이 이상하게도 위안이 되었습니다. 아무리 애를 써도 모든 사람에게 사랑받는 것은 불가능할 테니까(내가 세상 모든 사람을 사랑할 수 없듯이), 단 한 사람이라도 나와 마음이 맞는 사람을 찾아보자고 생각을 바꾸니 두려움이 줄어들기 시작했습니다.

"사람, 다 거기서 거기!"라는 깨달음을 다른 말로 '보편적 인간성'에 대한 깨달음이라고 합니다. 나의 부족함과 어려움이 오직 나에게만 해당하는 것이 아니라 모든 사람이 공통으로 겪는 어려움이라고 깨닫는 것을 말해요. 인간관계가 어려워서 고립되는 것이 아니라, 어려울수록 주변으로 눈을 돌려 다른 사람들의 고통에도 관심을 갖는 것이죠. 즉 나만 외롭고 나만 어색하고 나만 인간관계가 힘든 것 같다고 느낄 때 실은 그렇지 않다고, 사회적 동물인 인간에게 인간관계는 모두 어렵고 힘들다는 사실을 알고 인정하는 것이 중요합니다.

마치 저의 경험을 뒷받침하듯, 보편적 인간성에 대한 깨달음이

실제로 사회적 상황에서의 두려움을 줄여 준다는 연구 결과가 있습니다. 볼더콜로라도 대학교의 연구 팀에 의하면, 사회 공포증을 겪고 있는 이들을 대상으로 모든 사람이 사회적 상황이나 다른 사람 앞에서 일을 수행할 때 어색함과 두려움을 겪는다는 사실을 상기시켰더니 사회 공포증이 줄어들었다고 해요.[5]

내가 겪는 어려움이 나뿐만 아니라 모두가 겪는다는 사실은 크게 두 가지 메시지를 줍니다. 하나는 내가 이상한 사람이 아니라는 메시지, 또 하나는 다른 사람들도 나와 비슷하고, 생각보다 이해하기 어렵고 다가가기 어려운 존재가 아니라는 메시지입니다. "사람 다 거기서 거기!"라는 사실을 기억하고 평소 어렵게 생각했던 사람들에게 한 발짝 더 다가가 보는 건 어떨까요? 때로는 작은 용기가 인생을 바꾸기도 하니까요.

## 해 보기

만약 내 마음이 아무 근거 없이 '사람들은 나를 싫어할 거야.', '다들 좋은 친구가 있는데 나만 친구가 없어.', '나는 외톨이야.' 같은

메시지를 계속해서 보낸다면, "왜 그런 생각을 해?"라고 소리 내어 자신에게 물어보는 것도 좋은 방법입니다. 그러니까 머릿속에서 울리는 부정적인 목소리는 어디까지나 나의 '생각'일 뿐이라는 사실을 일깨우는 거예요.

## 소리 내어 말하기

소리를 내서 말해 보는 것도 좋은 방법이에요. 내 생각이 현실을 정확히 반영한 것은 아니니까요. 가령 "나는 지금 ~라는 생각을 하고 있구나. 나는 내 생각에 대해 생각해 볼 수 있어."라고 말하는 겁니다. 내 마음이 왜 이런 이야기를 하는지 한 발짝 떨어져서 생각해 보면, 현실과 내 생각을 구분하는 데 도움이 됩니다.

예를 들어 친구에게 말을 걸기가 망설여질 때 다음과 같이 나에게 말해 보는 거예요. "나는 지금 내가 먼저 다가가서 말을 건네고 친한 척하면 상대방이 부담스러워할 거라고 생각하는구나. 이 생각에 대해 생각해 보자. 정말 그럴 수도 있지만 아닐 수도 있어. 나에게는 아직 상대방에 대한 정보가 많지 않기 때문에 내 느낌이 맞을 거라고 장담할 수 없어. 어쩌면 상대도 내가 먼저 말을 걸어 주길 바라고 있을지 몰라. 일반적으로 사람들은 마음을 열고 다가오는 사람들을 싫어하지 않으니까. 미움받을까 봐 불안하다면 조금씩 천천히 다가가 보자. 내가 서툴렀다는 판단이 들면 그때 가서 양해를 구해도 늦지 않아."

## 내가 나를 상담하기

초등학교에 다니는 동생이 나에게 친구 문제로 상담을 요청했다고 가정해 보세요. 혹은 TV나 인터넷에 올라온 고민 사연이라고 생각하고 자신의 질문에 답해 보는 것도 좋은 방법입니다. 어떤 방법으로든 내 안의 두려움에서 한 발짝 거리를 두고 보면, 내가 큰 문제라고 생각했던 것이 실은 별것 아닌 작은 문제로 다가오기도 하니까요.

한 가지 주의할 점은 상담 대상(나)을 비난하거나 비판하기보다는 최대한 친절한 마음과 따뜻한 시선으로 대하고, 고민하는 마음을 있는 그대로 인정해 주는 것입니다.

* 친구, 가족, 연인 등 인간관계에 대한 고민을 써 보세요.

* 친절하고 따뜻한 말로 나를 격려해 주세요.

## 어색하고 어려운 상황에 도전하기

낯선 사람에게 먼저 말 걸기처럼 어려울 것만 같은 상황에 직접 도전해 봅시다. 해 보고 나서 '생각보다 괜찮았어!'라는 느낌이 들었다면 나만의 '도전 일기장'을 만들어서 거기에 자세히 적어 보세요.

무엇이 내 생각보다 '덜' 어려웠고 어떤 점들이 생각보다 괜찮았는지 자세히 기록해 봅시다. 이런 작은 성공 기억들이 쌓여서 우리의 두려움을 줄이고 긍정적인 용기를 키워 줄 거예요.

✱ 나의 도전 목록

하나!

둘!

셋!

Part 4

# 우리가 정말 친해질 수 있을까?

나는 나를 지키지

## 마음을 열어 보여 주세요

내 마음이 보내는 소리를 이해하고 관계에 대한 지나친 두려움을 내려놓았다면, 이제는 사람들에게 어떻게 다가가면 좋을지를 알아볼 차례입니다. 친한 친구나 고민을 상담했던 선생님 등 여러분이 친밀감과 신뢰감을 느끼는 사람들을 떠올려 보세요. 이 사람들과는 어떻게 가까워질 수 있었나요?

구체적인 상황은 저마다 다르겠지만 관계가 깊어지는 과정에서 꼭 필요한 것은 서로의 마음을 열어 보여 주는 것입니다. 처음 만났을 때는 오늘 날씨, 다니는 학교, 하는 일, 사는 곳 같은 가벼운 이야기를 나누게 됩니다. 그러다가 만남이 계속 이어지면 점차 속 깊은 이야기를 나누게 되지요. 지금 어떤 고민을 하고 있고 어떤 감정을 느끼는지, 어떤 일들이 나를 기쁘게 또는 슬프게 하는지, 때에 따라서는 좀처럼 말할 수 없는 비밀도 털어놓게 됩니다. 아무에게나 쉽게 보여 주지 않는 자신의 특별한 점을 공유할 수 있게 됩니다.

이처럼 내면에 숨겨 둔 정보를 함께 나눌 때 비로소 심리적 거리감이 조금씩 줄어들게 됩니다. 겉으로 드러나는 피상적인 정보들은 진짜 '나'에 대한 정보를 담고 있지 않지만, 나의 생각이나 감정, 취향, 가치관은 상대방에게 내가 어떤 사람인지를 알려 줍니다. 여러 번 만나도 내적 교류가 일어나지 않고 서로 어떤 생각을 하는지 모른다면 친한 관계라고 할 수 없죠.

서로의 내면을 공개했을 때 어떤 공통점을 발견한다면 친밀감은 더욱 커집니다. 예를 들어 같은 가수의 콘서트를 다녀왔거나 유머 코드가 비슷하거나 좋아하는 책이나 영화 목록이 겹치는 등 내적 취향이나 사고방식이 비슷하다는 사실을 알고 나면 조금 전까지 낯선 타인이었던 사람이 갑자기 친근한 존재로 다가옵니다. 둘 다 취향이 독특한 사람이라면 더 큰 친밀감을 느낄 수도 있어요.

제게도 비슷한 경험이 있습니다. 아는 사람이 별로 없는 만화 캐릭터 인형을 핸드폰에 달고 다닌 적이 있었어요. 당연히 아무도 그 캐릭터를 알아보지 못했지요. 그러던 어느 날 쇼핑을 하고 있는데 모르는 사람이 난데없이 다가오더니 "저도 그 캐릭터 좋아해요!"라고 말하는 거예요. 너무 반가워서 처음 보는 사람인데도 손을 맞잡고 한동안 그 만화 이야기를 하며 신나게 떠들었어요. 1초 전까지만 해도 나와 아무 상관도 없었고 전혀 몰랐던 사람이 갑자기 가깝게 느껴졌고, 진심으로 서로의 행복을 빌어 주며 헤어졌습니다. 내면을 공유하는 행위는 서로 몰랐던 사람들도 짧은 시간에 무리 없이 붙일 수 있는 강력 접착제인 셈이지요.

버몬트 대학교의 심리학자 엘리자베스 파이넬Elizabeth Pinel의 연구에서도 내면의 공유가 가져오는 친밀감의 효과가 잘 나타납니다.[1] 파이넬은 실험 참가자들에게 엉뚱한 질문을 던집니다. 예를 들어 미국의 유명한 정치인 힐러리 클린턴이 펜, 연필, 형광펜 같은 필기도구라면 무엇일 것 같냐고 질문합니다. 또는 잉크가 아무렇게 번져 있는 그림을 보여 주고 무엇이 보이냐고 묻습니다. 연구자들은 참가자들이 질문에 답할 때마다 다른 참가자는 어떻게 답했는지 알려 줍니다. 그러고 나서 다른 참가자에 대한 호감도를 물었습니다.

그 결과 사람들은 자신과 비슷하게 대답한 참가자에게 더 큰 호감을 보이는 것을 알 수 있었습니다. 사람들은 단순히 자신이 살고 있는 지역이나 나이, 인종, 소득 수준이 같은 사람보다 내적 경험이나 취향을 공유한 사람에게 더 큰 호감을 느끼는 것으로

나타났습니다.

이렇게 '내적 경험의 공유'가 중요하다는 것을 알기 때문에 사람들은 친해지고 싶은 사람과 함께 울고 웃는 경험을 하려고 애쓰는지도 모릅니다. 연인이나 친구끼리 영화를 보거나 전시, 공연 등 문화생활을 즐기는 것도 같은 이유에서가 아닐까요? 기쁨이나 슬픔 같은 감정을 끌어내는 경험을 공유하며 서로의 내면에 교집합을 늘려 가는 것이죠. 고민을 나누면서 함께 아파하고 분노하는 것 역시 그 자체로는 즐거운 일이 아니지만, 나와 똑같은 감정을 느낄 만큼 나를 걱정해 주는 사람이 존재한다는 사실은 안도감을 줍니다.

우리는 감정을 공유함으로써 서로에게 더 깊이 연결되는 경험을 하게 되고 만족감을 느끼기도 합니다.  오랫동안 함께 울고 웃으며 마음의 교집합을 잔뜩 늘리는 과정에서, 내 인생의 8할은 그 사람이고 그 사람 인생의 8할은 나인, 서로의 인생에서 떼려야 뗄 수 없는 관계가 되기도 합니다. 이처럼 서로가 서로의 삶에 포함되고 연결되는 경험을 할 때 사람들은 하나의 공동 운명체가 된 것 같은 충족감을 느낍니다.

눈에 보이지 않는 타인의 마음이 내 마음과 하나가 되는 일은 언뜻 불가능할 것 같지만 그렇지만도 않습니다. 타인의 마음을 전부 다 알 수는 없어도 그와 별개로 함께 다양한 경험을 하며 내면의 교집합을 늘려 가는 일은 가능하기 때문입니다. 혼자 책을 읽고 영화를 보면서 주인공에게 공감하며 감정을 교류하는 행위가 만족감을 주는 것 역시, 넓은 의미에서 마음과 마음을 연결하는 행위이기 때문은 아닐까요?

우리는 보통 성격이 비슷하거나 외모가 매력적이거나 하는 요소들이 관계에 중요한 역할을 미칠 거라고 생각합니다. 물론 처음에는 이런 요소들이 호감을 주는 데 도움이 됩니다. 하지만 의외로 관계 '유지'에는 성격이나 외모가 크게 영향을 주지 않아요. 성격이나 외모가 객관적으로 얼마나 비슷한가 보다, 함께 시간을 보내고 마음을 나누며 서로의 생각, 감정, 경험 등을 공유하면서 공통점이 많다는 주관적인 '느낌'을 쌓아가는 것이 관계를 지속하는 데 훨씬 중요합니다.

즉 얼마나 비슷한 상태에서 시작했느냐가 아니라, 서로를 깊이 알아 가고 새로운 모습을 발견하면서 서로에게 배우고 좋은 점을 닮아 가는 것이 좋은 관계의 핵심이라고 할 수 있습니다. 만약 내가 우유부단한 성격이라면, 결정이 빠르고 좋아하는 것이 확실한 친구에게서 결단력을 배울 수 있고, 반대로 다소 충동적으로 결정하고 나중에 후회하는 친구라면 나에게서 신중하게 결정하는 면을 배우면서 관계를 발전시킬 수 있습니다.

이렇게 삶을 공유하면서 외딴섬처럼 홀로 있던 사람들이 객관적인 공통점에서 더 나아가 주관적인 연결점을 찾게 됩니다. 서로 내적 경계를 열고 상대방을 자기 삶의 일부로 받아들이며 삶을 확장해 가는 것이죠. 그림으로 표현하자면 나와 상대방이 점차 연결되어 하나의 큰 존재로 인식되는 것인데, 이를 '관계적 자아'라고 합니다. 즉 내가 나라는 사람을 정의할 때 나에 관한 것뿐 아니라 상대와 관련된 기억과 감정까지 함께 끌어들여 나를 정의하게 되는 것이죠.

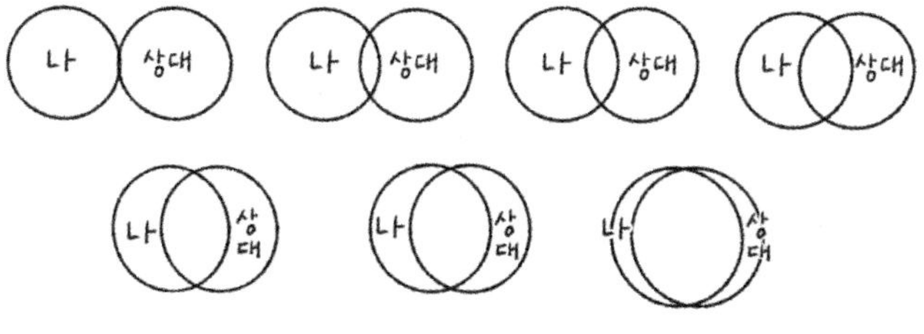


[그림] **관계적 자아가 형성되는 과정**[2]

친구나 연인 관계에서 저마다 꿈꾸는 '이상형'이 있습니다. 이상형을 만나면 행복해질 거라고 생각하지만 실제로 데이트 상대가 이상형에 얼마나 가까운지는 데이트 만족도에 큰 영향을 주지 않는다는 연구 결과가 있습니다. 오히려 서로 알아 가고 호감을 쌓아 가다가 나중에 '이 사람이 진짜 내 이상형이었던 것 같다.'라고 생각이 바뀌기도 합니다.

즉 관계에서는 함께 기쁨과 슬픔, 다양한 경험과 생각을 공유하고 깊은 유대를 쌓는 것이 중요합니다. 상대방을 아끼고 존중하고 이해하고, 상대방에게서 배우려는 사람만이 서로의 영혼을 공유하는 사람을 만나게 되는 것이죠. 더 정확히는 그런 특별한 관계를 '만들게' 됩니다. 운명적인 친구 혹은 연인은 만나는 게 아니라 만들어 가는 겁니다. 여러분도 분명 할 수 있어요.

## 이해의 기술

공통의 경험을 늘려 가면서 사람들이 더 깊이 연결되는 것은 분명 멋진 일이지만, 그래도 여전히 우리는 각자가 저마다의 작

은 우주라고 할 수 있을 만큼 서로 다른 생각과 감정을 가진 존재입니다. 이렇게 다른 우리가 서로를 이해하는 일이 과연 가능할까요? 이해의 본질은 무엇일까요?

샐리와 앤이 있습니다.[3] 샐리에게는 공이 있습니다. 샐리는 가지고 있던 공을 바구니에 넣습니다. 샐리가 자리를 뜨고, 그사이 앤이 바구니에서 공을 꺼내 상자에 옮겨 넣습니다. 조금 뒤에 샐리가 돌아와 공을 찾네요. 샐리는 바구니와 상자 중 어디를 들여다볼까요?

정답은 '바구니'입니다. 샐리는 앤이 공을 상자로 옮겼다는 사실을 모릅니다. 앤이 공을 옮기는 장면을 보지 못했으니까요. 샐리가 마지막으로 공을 본 곳은 바구니 안이었기 때문에 샐리는 당연히 바구니 안을 들춰 볼 것입니다.

혹시 '상자'라고 답한 사람이 있나요? 괜찮습니다. 실제로 실험에서 생각보다 많은 사람들이 상자라고 답했으니까요. 내가 본 것과 샐리가 본 것이 어떻게 다른지 생각하는 과정은 머리를 꽤 굴려야 하는 복잡한 과정입니다.

만 네 살 이하의 아이들은 이 질문에 틀린 답을 내놓곤 합니다. 사람들이 자신과는 다른 시각, 생각, 느낌을 가질 수 있다는 사실을 이해하지 못하기 때문이에요. 어린아이들은 관찰자인 자신은 보았기 때문에 샐리도 당연히 그 사실을 알고 있을 거라고 생각합니다. 즉 자신에게 있는 정보가 샐리에겐 없다는 사실, 샐리가 자신과는 전혀 다른 지식과 경험을 가질 수 있다는 사실을 깨닫지 못합니다. 샐리의 생각을 추론하려면 온전히 샐리의 입장, 샐리가 처한 상황에만 집중해서 샐리의 생각을 읽어야 한다는 사실을 모르는 거죠.

[그림] 판다 인형 관찰 실험 ①[4]

또 다른 과제를 하나 볼까요? 여기 판다 인형이 있습니다. A는 여러분의 시선에서 보이는 판다 인형의 모습입니다. 아래 상자의 2번에 해당하지요. 이때 수전이라는 친구가 그림 속 위치에서 판다 인형을 바라봅니다. 수전이 보는 인형은 아래 네 개 중 어떤 모습일까요?

[그림] **판다 인형 관찰 실험 ②**

정답은 1번입니다. 판다가 수전이 서 있는 방향을 향하고 있으니까요. 많은 사람들이 이와 같은 과제를 잘 해내는 편이지만, 자폐 스펙트럼 장애가 있는 사람들은 수전의 시선에서 바라보는 광경을 이해하는 데 어려움을 겪습니다. 만약 질문을 바꿔서 판다 인형을 180도 회전했을 때 '자신의 눈'에 어떻게 보일지 물으면 3번과 같은 모습일 거라고 정답을 말합니다. 자신의 시선을 상상하는 답변은 곧잘 수행한 것이죠.

즉 이들이 어려워하는 것은 공간 지각이나 상상이 아니라 '타인의 입장'에서 생각하는 부분입니다. 이렇게 '남들은 나와 다를 수 있다.'라는 사실을 알고 타인을 이해하는 것을 '마음 이론'이라고 합니다.

또 다른 예를 하나 들어 보지요. 14개월 된 아이들에게 브로콜리와 크래커를 보여 주고 맛을 보게 합니다.[5] 그러면 대부분의 아이들이 브로콜리는 싫어하고 크래커는 좋아하는 반응을 보입니다. 아이들의 반응을 확인한 다음, 이번에는 옆에 있던 실험자가 브로콜리와 크래커를 맛봅니다. 이때 실험자는 브로콜리를 먹을 때 맛있게 먹고, 크래커를 먹을 때는 웩 소리를 내며 싫다는 표현을 합니다. 그러고 나서 실험자가 아이에게 브로콜리나 크래커 중 하나를 달라고 말합니다. 여러분이라면 실험자에게 브로콜리를 줄 건가요, 크래커를 줄 건가요?

조금 전에 실험자가 브로콜리를 먹으면서 맛있어 하고 크래커를 먹을 때는 끔찍하다는 표현을 했기 때문에 실험자가 좋아하는 브로콜리를 건네는 것이 자연스러워 보입니다. 하지만 14개월 된 아이들은 크래커를 건넵니다. 자기가 좋아하는 게 크래커이므로 상대방의 선호와 상관없이 크래커를 주는 것이죠. 좀 더 나이가 들면 비로소 내가 선호하는 것과 상대방이 선호하는 것이 다를 수 있음을 깨닫고 상대방의 선호에 맞춰 브로콜리를 건네게 됩니다.

이처럼 내 생각과 취향, 나의 경험만이 전부라고 생각하던 습관에서 벗어나, 타인의 취향과 경험은 나와 전혀 다를 수 있음을 아는 것이 마음 이론입니다. 타인에 대한 이해는 내 경험의 한계를 인정하고 다름을 받아들이는 데에서 시작하지요. 아이들은 자라면서 점점 다른 사람들의 반응을 관찰하게 되고, 타인이 싫어하는 행동은 하지 않으려는 모습을 보이게 됩니다. 예컨대 장난을 칠 때 나한테 즐거운 장난이 타인에게는 불쾌할 수 있다는 사실을 이해하게 되지요. 하지만 마음 이론을 습득해도 자기중심성을 벗어나기는 쉬운 일이 아닙니다.

## 자기중심성에서 벗어나기

내가 본 것만 옳다고 믿는 자기중심성에서 벗어나는 것은 마음 읽기의 첫걸음입니다. 즉 타인에 대한 나의 판단을 '의심'하는 것에서 시작하는 것이죠. 상대방의 마음을 이해하기 위해서는 내가 바라보는 그 사람에 대한 판단이 사실과 전혀 다를 수 있다는 가능성을 염두에 두고, 열린 마음으로 새로운 정보를 받아들이면서 나의 견해를 적극적으로 수정하는 과정이 반드시 필요하지요. 그러지 않고, 나는 하나를 보면 열을 알 수 있다고 자만하거나, 성별이나 출신 지역, 학력, 직업과 같이 한 사람을 구성하는 수많은 정보 중 극히 일부를 가지고 그 사람을 판단하려 한다면 타인을 제대로 이해할 수 없습니다.

안타까운 점은 나이가 들고 경험이 쌓일수록 아는 것은 많아지지만 사고력이 굳어져서 '내 생각이 반드시 옳다.'는 식의 태도가 점점 강해진다는 사실입니다. 그래서 나이가 들수록 이해심이 줄어들고 "나 때는 말이야."라고 자기 경험을 내세워 타인에게 자기 생각을 강요하는 이른바 '라때' 현상이 나타나기도 합니다. 모르는 것도 안다고 우기거나, 자신의 주장을 관철해야만 어른스럽다고 착각하기도 하지요. 하지만 이건 네 살 이하의 발달 수준일 뿐이에요. 진짜 어른스러운 행동은 빠른 '인정과 수정'에 있습니다.

또 하나 안타까운 사실은 사회적 지위가 올라가고 '권력감'이

높아질수록 자신의 생각을 수정하려는 '동기' 자체가 줄어든다는 점입니다. 높은 자리에 있는 사람은 오해하고 윽박지르고 자기 고집을 부려도 큰 손해를 보지 않기 때문이지요. 반대로 낮은 자리에 있는 사람들은 계속해서 상사의 속마음을 헤아리느라 머리털 빠지게 고민하며 눈치를 보게 됩니다. 이런 점에서 권력은 곧 '이해하지 않아도 되는 힘'이기도 합니다.

이 때문에 나이가 들수록 '완고하다'는 점은 자랑거리가 아닌 것 같습니다. 결국 지혜로움, 현명한 판단력, 성숙한 이해 등은 (가치관이나 도덕관은 제외하고) 타인을 판단하는 잣대나 자신에 대한 믿음과 같이, 자신과 세상을 바라보는 방식이 갈대처럼 더 푹푹 꺾일 때 나오는 것이 아닐까요?

## 그 사람은 왜 그런 행동을 했을까?

나와 다른 타인의 생각과 경험을 이해하는 데에서 한 발짝 더 나아가, 어떤 사람의 행동에 대해 그 사람이 왜 그런 행동을 했는지 의도를 추측하는 것도 타인을 이해하는 데 중요한 부분을 차지합니다. 우리는 무의식중에도 이런 일을 해내곤 합니다.

예컨대 내 친구 서우가 오늘따라 쌀쌀맞게 굴었던 이유에 대해 '조금 피곤한가 보다.', '걱정거리가 있는 것 같다.', '나를 싫어하나 보다.' 등 우리는 다양한 이유를 떠올립니다. 타인의 의도에 대해 어떤 이유를 선택하느냐에 따라 그 사람을 대하는 나의 태도가 달라지고 관계 만족도가 달라집니다.

행복한 사람들은 비슷한 모습으로 행복하지만, 불행한 사람들은 제각기 다른 이유로 불행하다는 말처럼, 같은 행동도 그 원인을 어떻게 해석하느냐에 따라 그 사람과 불화를 빚을 수도 있고, 더 좋은 관계를 맺을 수도 있습니다.

예를 들어 친구가 약속 시간에 많이 늦은 상황입니다. 우리는 그 원인을 여러 가지 방향으로 추측할 수 있습니다. 하나는 친구가 원래 게을러서 약속 시간에 늦었다고 보는 것입니다. 두 번째는 그날따라 교통 상황이 나빠서 혹은 갑자기 비가 와서 약속에 늦었다고 생각할 수 있습니다. 행동의 원인을 그 사람의 내적 특성, 즉 성격, 태도, 일반적인 기분 상태에서 찾는 것을 '내적 귀인internal attribution'이라고 합니다. 반대로 행동의 원인을 외적 요인, 즉 교통 상태나 날씨 등에서 찾는 것은 '외적 귀인external attribution'입니다.

한편 이러한 행동이 앞으로도 계속해서 반복될지 아니면 한 번으로 그칠 것인지, 즉 안정성stability에 대한 해석이 추가되기도 합니다. 앞으로도 계속 약속에 늦을 것으로 생각하면 행동이 안정적stable이라고 해석한 것입니다. 반면 이번에만 늦었을 뿐 앞으로는 그러지 않을 거라고 생각한다면 행동이 일시적temporary이라고 해석한 것이지요. 현재 나타난 행동으로 미래의 행동까지 추측하고 판단하는 정도에 따라 안정성에 대한 해석이 달라집니다.

마지막으로 행동의 '일반화 가능성generalizability'에 대한 판단이 있습니다. 어떤 행동이 다양한 상황에 걸쳐 폭넓게 나타날 것이라고 보면 행동이 광범위global하다고 여기는 것이고, 특정 상황에서만 나타날 것으로 보면 행동이 특수specific하다고 여기는 것입니다.

예컨대 하나를 보면 열을 안다고, 약속에 한 번 늦었으니 앞으로 약속 시간만 어기는 것이 아니라 모든 상황에서 약속을 지키지 않을 거라고 생각한다면 광범위한 해석을 내린 것이지요. 반면 오늘 나와의 약속에만 늦은 것일 뿐, 다른 약속은 잘 지킬 거

휴…,
또 늦네!
미안, 조금 늦어~!
T.T
오늘도 늦잠을 잤나?
차가 막혔나?
앞으로도 계속 늦을까?
아니겠지?
미안, 미안! 기다렸지?

라고 생각한다면 행동을 일반화하지 않은 것입니다.

서로 사이가 좋은 사람들은 상대의 좋은 행동에 대해서는 내적, 안정적, 광범위하게 해석을 내리고, 상대의 안 좋은 행동에 대해서는 외적, 일시적, 특수하게 해석하는 경향을 보인다고 해요. 반면에 관계가 삐거덕대고 사이가 좋지 않은 관계에서는 반대의 양상을 보이지요.[6]

예컨대 행복한 연인이나 부부, 친구들은 상대가 어느 날 선물을 사 오는 등 기분 좋은 행동을 했을 때 '원래 다정한 사람이라 선물을 사 온 것이고, 앞으로도 계속 다정할 것이며, 선물 말고도 이런저런 부분에서 다정하게 대할 것'이라고 판단합니다. 이와 달리 불행한 관계를 맺고 있는 사람들은 선물을 받았을 때 '지나가다 세일하는 걸 보고 사 왔을 것이고, 어쩌다 한 번 그런 것이며, 선물 말고 다른 다정함은 기대할 수 없을 것'이라고 생각하는 경향이 있습니다.

반대로 잘못된 행동을 했을 때, 예를 들어 상대가 생일을 깜빡한 경우, 행복한 관계를 맺고 있는 사람들은 '요즘 일이 너무 많아서, 이번 한 번만 깜빡한 것이고, 나에 관한 다른 중요한 사실들은 잘 기억하고 있을 것'이라고 생각합니다. 반대로 불행한 관계를 맺고 있는 사람들은 '원래 나한테 관심이 없어서, 앞으로도 계속 내 생일을 깜빡할 것이고, 생일뿐 아니라 나에 관한 다른 중요한 사실들도 잘 기억하지 못할 것'이라고 생각합니다.

특히 상대방의 실수나 잘못에 대해 내적, 안정적, 광범위한 일반화 귀인을 하는 경우에는 보통 편견과 고정 관념에 기대어 쉬운 판단을 내리는 것이라고 볼 수 있습니다. 사람 속은 열 길 물 속보다 알기 어려워서 하나만 보고 열을 아는 것은 불가능한 일이에요. 그런데 단 몇 가지 행동만 보고 원래 그런 사람이라서, 앞으로도, 어디서나 언제든지 같은 실수와 잘못을 저지를 거라고 단정 짓는 태도는 상대방에 대한 오해를 쌓아 가는 지름길입니다.

결국 내 마음이 이렇게 쉬운 판단으로 기울고 있을 때 '잠깐! 이게 아닐 수도 있어. 또 다른 가능성도 있을 거야.'라며 생각의 운전대를 잡고 방향을 트는 노력을 기울여야 타인에 대해 좀 더 세심한 해석을 내릴 수 있습니다. 상대방을 긍정적으로 바라보면 나도 기분이 좋지만 상대방 또한 나의 세심함을 반기며 실제로 더 좋은 사람이 되려고 노력하게 됩니다.

예컨대 주위를 보면 외모가 매력적인 사람들이 성격도 원만하

고 사회성도 좋은 모습을 자주 보입니다. 사실 그 이유가 주변 사람들이 '저 사람은 외모처럼 성격도 좋을 거야.'라고 생각하고 친절하게 대하기 때문에 원만한 성격을 갖게 된다는 연구 결과도 있습니다.

"네가 나를 더 좋은 사람으로 만들고 있어."라는 로맨스 영화의 흔한 대사처럼, 관계에서 서로의 가장 이상적인 모습을 끌어내는 것을 '미켈란젤로 효과'라고 합니다. 미켈란젤로가 조각은 본연의 속성을 겉으로 끌어내는 과정이라고 한 말에서 나온 심리학 용어입니다. 내가 상대의 아름다운 점을 발견하고 이끌어

내면 실제로 더 행복하고 아름다운 관계를 맺을 수 있는 것이지요. 이 말에는 내가 상대를 이해하려고 세심한 노력을 기울일수록 우리의 관계가 좋아진다는, 간단하지만 실천하기는 쉽지 않은 진리가 담겨 있습니다.

어쩌면 세상의 많은 갈등이 상대방의 행동에 대한 악의적인 해석 때문에 생기는 것인지도 모르겠어요. 인간은 누군가가 나를 좋게 바라봐 주는 것만으로도 실제로 좋은 사람이 될 수 있습니다. 이런 걸 보면 사람은 호의를 먹고 자라는 동물인 것 같아요. 서로 호의를 주고받으며 함께 성장하는 관계를 만들 수 있다면 정말 멋지겠죠?

언젠가 "사람은 사랑하기 위해서 만들어졌다."라는 말을 들은 적이 있어요. 모든 생명체는 자신이 가장 잘하는 것을 더 잘하기 위해 존재한다고 간단히 생각해 보면, 타인의 관심과 사랑 없이는 살아갈 수 없는 인간이라는 동물은 분명 사랑하기 위해 존재한다고 볼 수 있지 않을까요?

새가 하늘을 날고 물고기가 헤엄을 치는 것처럼 인간이 사랑하고 사랑을 갈구하는 것은 자연스러운 일입니다. 이런 관점에서 볼 때 상대를 이해하려는 노력을 멈추는 것은 사랑하기를 멈추는 것과 같을지도 모르겠습니다.

우리는 앞으로도 많은 사람들과 갈등을 겪으며 관계가 멀어지기도 하고 다시 가까워지면서 살아가겠지만, 서로를 이해하려는 노력을 멈추지 않았으면 좋겠어요. 모든 관계가 좋을 수는 없지만 적어도 이렇게나 미숙한 내가 그때 우리의 관계를 위해 최선을 다했다고 말할 수 있도록, 후회하지 않을 수 있도록 말이에요.

Part 5

# 나를 지키며 좋은 친구가 되는 법

나는 나를 지키지

## 칭찬을 나누면 행복해져요

행복한 삶이란 어떤 것일까요? 많은 사람들이 진지하게 고민하는 문제입니다. 그런데 생각해 보면 작은 칭찬이나 응원 한마디에 기분이 하늘을 날아갈 것처럼 두둥실 떠오르곤 하지 않나요? 알고 보면 행복 참 별거 아니라는 생각이 들기도 합니다. 저는 심리학 연구를 위해 외국에서 지내고 있는데요, 제가 사는 곳에서는 사람들이 지나가다가 "신발 참 예쁘네.", "네 셔츠가 마음에 든다."라며 낯선 이에게도 툭툭 칭찬을 던지고 가는 일이 자주 있습니다. 처음에는 '이게 뭐지?' 싶었지만 이제는 점점 익숙해져서 그런 말을 들으면 진심으로 기뻐하며 고맙다고 대답합니다.

다들 갈 길도 멀고 자기 일로 바쁠 텐데, 그 짧은 시간에 자기랑 아무 상관도 없는 누군가의 좋은 점을 발견해서 칭찬의 말을 건네는 데에는 꽤 큰 성의와 관심이 담겨 있는 것 같아요. 이런 일을 겪으면서 좀처럼 타인을 칭찬하지 않는 제 모습도 돌아보게 됩니다. 칭찬받는 것은 좋아하면서 남을 잘 칭찬하지 못하는 이유는 무엇일까요?

펜실베이니아 대학교의 심리학자 에리카 부스비Erica Boothby는 우리가 칭찬에 인색한 이유는 칭찬의 긍정적인 효과를 평가절하하기 때문이라고 지적합니다.[1] 연구자들은 실험 참가자들에게 길에서 낯선 이를 보고 "셔츠가 예쁘다." 같은 말로 칭찬하게 한 뒤에 설문을 통해 칭찬받은 사람들이 실제로 얼마나 기뻤는지, 혹은 얼마나 어색하고 불편했는지를 조사했습니다. 그 결과

칭찬받은 사람은 칭찬한 사람이 예상한 것보다 더 기뻐했고, 불쾌하거나 어색한 감정은 덜 느낀 것으로 나타났습니다.

즉 사람들은 누군가를 칭찬할 때 칭찬의 긍정적인 효과를 실제보다 작게 예측한 반면 부정적인 효과는 더 크게 예측하는 모습을 보인 것이지요. 칭찬했다가 괜히 역효과만 나는 것은 아닌지 걱정하기도 합니다. 이렇게 누군가를 칭찬하는 일에 대해 불안감이 높고 칭찬을 효과적으로 전달할 수 있다는 자신감이 낮을수록 칭찬을 아끼는 것으로 나타났습니다.

연구실에서 회의할 때면 아주 사소한 것이라도 잘한 점을 콕 집어 구체적으로 칭찬해 주는 선생님이 있습니다. 이 문장은 정말 좋다, 데이터 분석을 믿고 맡길 수 있는 사람이다, (심지어 딱히 잘한 것이 없어도) 이러이러한 점을 신중하게 고민한 흔적이 드러난다며 나의 노력을 알아주는 분입니다. 물론 잘못된 부분은 구체적으로 지적해 주고 함께 더 나은 방안을 살펴 줍니다.

그러다 보니 어느새 이 선생님이랑 일할 때면 늘 힘이 나고 150퍼센트를 발휘해 열심히 하게 된다는 점을 깨달았습니다. 인정과 관심을 먹고 사는 사회적 동물로서, 진심 어린 관심과 격려를 아끼지 않는 분을 만났으니 힘내지 않고 배길 수 있나요. 선생님을 만나고 나면 그 어떤 어려운 일도 다 해낼 것 같은 기분이 듭니다.

이렇듯 분에 넘치는 관심과 응원을 듬뿍 받았는데도 저는 여전히 다른 사람들에게 관심과 응원을 보내고 칭찬하는 데 미숙합니다. '내가 뭐라고 남을 응원하나?', '내 응원이 필요한 사람은 없을 거야.' 같은 두려움과 낮은 자신감도 한몫하고 있을 거예요. 하지만 분명 칭찬과 응원은 없을 때보다 있을 때 사람들을 더 기쁘고 즐겁게 합니다. 작은 칭찬과 응원의 힘을 믿어 보세요.

## 효과적으로 조언하기

친해지는 과정에서 서로의 고민을 나누다 보면 조언을 주고받게 되는데요, 안타깝게도 조언이 생각보다 크게 도움이 되지 않는다는 연구들이 있습니다.[2] 흥미로운 점은 상대가 '요청한' 조언인지 아닌지가 중요하게 작용한다는 사실입니다.

스스로 요청하지도 않았는데 도움이나 조언을 받는 상황에서 사람들은 '저 사람이 나를 무능하다고 생각하나?' 같은 부정적인 메시지를 받게 됩니다. 조언받는 사람은 자신감이 떨어지거나 떨떠름한 기분을 느낄 수도 있지요. 또 원치 않는 조언은 쓸데없는 참견이나 오지랖으로 받아들여지고 상대방의 자율성을 침해할 위험도 있어요. 특히 조언하는 이가 "나 때는 말이야." 하고 자기 자랑을 하거나 이른바 '꼰대식 화법'을 쓸 경우 자주 어울려선 안 되는 사람이라는 인식을 줄 수 있습니다.

따라서 요청받지 않은 조언은 조언하는 사람이나 조언받는 사람 모두에게 딱히 이롭지 않아 보입니다. 지나치게 간섭하거나 이래라저래라 하지 않고 조언하는 사람이 드문 탓에, 조언보다는 상대방의 감정에 대한 위로가 더 긍정적인 효과를 발휘하는 것으로 알려져 있습니다.

그런데 만약 상대방이 조언을 원하는 경우라면 어떨까요? 이때도 조언보다 위로가 더 효과적일까요? 하버드 대학교의 심리학 연구자 조슬린 슈Jocelyn Shu는 부정적 정서 중에서도 시급한 행동을 요구하는 정서들, 예컨대 눈앞의 적이나 위협으로부터 몸을 피하라는 신호인 두려움과 불안을 느낄 때는 문제 해결을 도와주는 조언이 더 효과적일 거라고 생각했습니다.[3]

그래서 실험 참가자들에게 불안이나 슬픔을 느끼게 만드는 사

건을 적어 보게 했어요. 그 결과 불안을 느끼게 만드는 원인에는 직업이나 경제적인 이슈가 많았고, 슬픔과 관련해서는 사이가 멀어지거나 소중한 사람을 떠나보낸 경험들이 자주 등장했습니다.

이번에는 조언자나 위로자 역할을 맡은 사람들에게 앞서 사람들이 적은 목록을 보여 주고 글에 적힌 어려움에 대해 효과적으로 반응해 보도록 주문했어요. 그랬더니 '불안'이 문제였던 상황에서는 구체적인 조언이, '슬픔'이 문제였던 상황에서는 위로가 더 큰 도움이 되었다고 평가했습니다.

즉 경제적인 문제로 불안해하는 사람에게는 정서적인 위로보다 상황을 해결할 수 있는 방법을 함께 고민하는 것이 더 효과적이었던 것이지요. 반면 사랑하는 이와 헤어져 슬퍼하는 사람에게는 취미 활동을 해 보라거나 바쁘게 살면서 주의를 다른 데로 돌려 보라는 구체적인 행동 조언보다는, 관계는 원래 사람 마음대로 할 수 있는 게 아니어서 관계가 틀어진 것이 네 탓은 아니라는 말처럼 상황을 새로운 관점으로 재해석할 수 있도록 돕고 마음을 어루만져 주는 위로의 말이 더 효과적인 것으로 나타났습니다.

마음이 힘든 상황에서는 나에게 필요한 것이 조언인지 위로인지 헷갈릴 때가 많아요. 아마 그 두 가지가 적절한 조합으로 필

요할 때가 가장 많겠지만, 어쨌든 당사자는 지금 자신에게 무엇이 필요한지 정확히 알기 어렵습니다. 그래서 누군가에게 조언을 구했지만 조언보다는 위로가 필요했을 수도 있고, 반대로 위로해 달라고 했지만 알고 보니 조언이 더 필요한 경우도 많지요.

분명한 것은 조언이든 위로든 자기만족, 자기 자랑 혹은 단순히 호기심을 채울 목적으로 참견하는 것이 아니라 '상대방의 안녕'을 걱정하는 마음으로 대하는 것이 중요합니다. 그런 사람이 내 주위에 있다는 사실은 무척 감사하고 소중하게 느껴집니다. 조언을 할 때도 그냥 '이렇게 해 봐.'에서 끝나지 않고 함께 고민하고 곁에서 도와주며 자기 일처럼 발 벗고 나서는 사람이야말로 죽어 가는 마음에 활력을 불어넣을 수 있는 힘을 지닌 사람일 겁니다.

## '오른손이 하는 일은 왼손이 모르게'

조언과 마찬가지로, 도움을 줄 때도 바람직한 방법과 그렇지 않은 방법이 있습니다. 우선 누군가에게 도움을 줄 때는 가급적

티를 내거나 생색내지 말라는 것이 일반적인 지혜입니다. 도왔다는 티를 팍팍 내거나 생색을 내면 안 돕느니만 못한 결과를 낳기 때문이지요.

몇몇 연구에 의하면, 일반적으로 눈에 보이는 도움인 '가시적 지지visible support'보다 보이지 않는 도움인 '비가시적 지지invisible support'가 사람들의 건강과 행복, 관계 유지에 긍정적인 영향을 미친다고 합니다.

컬럼비아 대학교의 심리학자 캐서린 지Katherine Zee에 의하면, 가시적 지지란 도움받는 사람이 지금 도움받고 있다는 것을 인식하게 만드는 형태의 도움을 말합니다.[4] 그렇게 하면 안 되고 이렇게 해야 한다는 식으로 직접적인 조언을 주거나, 아예 그 일을 같이하거나 대신해 주는 식의 도움이 여기에 해당합니다.

반면 비가시적 지지란 도움받는 사람이 지금 도움을 받고 있는지 모르게 돕는 것을 말합니다. 예를 들면 나는 가 봤지만 상대방은 처음 방문하는 레스토랑에서 웨이터에게 "이 음식은 뭔가요? 주문 방법은 이렇게 하는 게 맞나요?"라고 넌지시 물으며 상대에게 힌트를 준다거나, 조언할 때 어떻게 해 보라고 지시하기보다 "내가 아는 사람은 이렇게 했더니 잘 해결됐대."라며 참고

할 만한 정보를 넌지시 흘리는 것이 비가시적 지지에 속해요.

사람들에게 가시적 지지와 비가시적 지지를 보내고 관찰한 결과, 비가시적 지지를 받은 사람들이 그렇지 않은 사람들에 비해 성과가 향상되고 스트레스가 줄고 기분이 나아지며 관계 만족도 또한 더 좋아졌다는 연구 결과가 있습니다.

## 상대의 약점을 들추지 않기

이러한 현상이 나타나는 이유는 무엇일까요? 캐서린 지는 우선 대놓고 조언하거나 돕는 행동이 상대방의 약점을 부각시키고 자신감을 떨어뜨리는 결과를 가져올 수 있다고 말합니다. 아이들도 보호자가 너무 쉬운 일을 도와주었을 때 기뻐하는 게 아니라, '나를 이것도 못 하는 바보로 여기나?'라고 생각해 자신감이 떨어진다는 보고가 있어요.

이와 비슷하게 누군가 너무 적극적으로 나서서 돕는 행동은 그 사람이 나의 능력을 신뢰하지 않는다는 부정적인 신호를 줄 수 있다고 합니다. 그러므로 따듯한 말이나 위로와 같은 '정서적'

지지는 가시적이어도 괜찮지만 문제 해결을 위한 실질적인 도움을 줄 때는 상대의 무지나 무능을 드러내지 않는 비가시적 지지가 더 효과적입니다.

특히 도움을 받는 사람이 남들의 시선과 평가에 크게 신경 쓰는 사람이라면 가시적 지지보다 비가시적 지지가 좋습니다. 이런 사람들은 자신이 누군가의 도움이 필요한 사람이라는 인상을 줄까 봐 두려워하는 경향을 보이기 때문이에요. 예컨대 요가 수업이나 헬스장에서도 자신의 어설픈 동작이 요가 선생님이나 트레이너를 자극해서 자세를 고쳐 주러 오게 만들까 봐 두려워하는 사람들이 있어요.

이렇게 부정적인 평가에 대한 두려움이 큰 사람들은 누가 자신을 가시적으로 도와주러 오면 불편함을 느끼고 오히려 스트레스가 증가하는 모습을 보입니다. 중요한 시험처럼 남들로부터 평가받는 상황을 앞둔 사람이나 자기 비판적인 사람들에게도 가시적인 지지보다 비가시적인 지지가 더 효과적이라고 합니다.

## 은혜를 갚아야 한다는 부담 주지 않기

가시적 지지보다 비가시적 지지가 더 나은 또 다른 이유는 '부담'입니다. 누군가의 도움을 받으면 대부분의 사람들은 고마운 마음에 어쩔 줄 몰라 하면서, 한편으론 반드시 갚아야 한다는 부담감을 느끼게 됩니다. 만약 내가 상대방을 좋아하고 앞으로도 관계를 계속 유지하고 싶은 사람이라면 괜찮지만, 그렇지 않다면 부담이 더 커집니다.

이런 이유로 독립심이 강하고 주변 사람들과 적당히 거리를 두고 싶어 하는 사람들의 경우 가시적 지지보다 비가시적 지지를 보내는 것이 좋습니다. 비가시적 지지를 받을 때 자신의 자율성을 침해받지 않았다고 여기고 관계 만족도도 높았다는 연구 결과가 있습니다.[5]

또한 가시적 또는 비가시적 지지를 활용하는 타이밍도 중요합니다. 일을 막 시작하는 '초기'에는 지나치게 참견한다고 느끼게 하지 않는 비가시적 지지가 적당합니다. 일이 어느 정도 진행되면서 해결해야 할 문제가 드러나거나 긴급히 도움이 필요한 경우에는 가시적 지지가 더 효과적입니다.

전에 사람이 많은 학교 식당에서 대뜸 "나는 혼자 밥 먹는 애들을 보면 불쌍해서 가만두지 못하겠어."라며 혼자 잘 먹고 있는 사람 앞에 턱 앉던 사람을 본 적이 있습니다. 굉장히 무례한 행동이라는 생각이 들었어요. 요청하지도 않은 사람에게 일방적인 도움(?)을 줌으로써 상대의 자율성과 혼자 식사할 권리를 침해한 것이니까요.

게다가 정작 그 사람은 혼자 먹는 것을 싫어하지 않을 수 있는데 제멋대로 단정 짓는 모습도 불편했어요. 또 맘대로 상대방을 '불쌍한 사람'으로 만들고 위에서 내려다보는 듯한 시선이 상대방을 위하는 마음이라기보다는 자기중심성에서 나온 행위로 보이기도 했어요. 가시적인 지지가 이런 자기중심성에서 나오는 것이라면 더더욱 역효과가 날 수 있습니다.

어차피 돕기로 마음먹었다면 내 생각이나 나의 편의보다는 상대방의 생각과 상대방의 필요에 더 세심하게 귀를 기울여 보세요. 상대의 안녕을 위하는 것이 진짜 목적이라면 내가 돕는다는 걸 상대방이 꼭 알게 할 필요는 없으니까요.

## 도움 구하기

살아가다 보면 도움을 줄 때도 있지만 적극적으로 도움을 구해야 할 상황도 생깁니다. 얼마 전 건강 문제로 함께 일하는 사람들에게 양해를 구해야 하는 일이 있었어요. 혼자 끙끙대다가는 결국 일도 나 자신도 망칠 것 같았지요. 내 상황을 분명하게 알리고 미리 일을 조율하는 것이 모두를 위해 훨씬 현명한 선택인데도 입을 여는 것이 생각보다 쉽지 않았습니다.

우리는 때로 혼자 무리해서 일을 처리하는 것보다 주변의 도움을 구하는 것을 더 어렵게 느껴지기도 합니다. 서로 돕고 사는 게 우리네 삶인데 도움을 청하는 행위는 왜 이렇게 어색하기만 할까요?

한 가지 원인은, 도움을 청하는 행위를 권하지 않는 사회적 환경에서 자란 탓일 수 있습니다. 실제로 동양 문화권 사람들이 서양 문화권 사람들에 비해 도움 구하기를 어려워하고, 도움을 요청했을 때 부채감을 훨씬 크게 느낀다는 연구들이 있습니다. 반대로 서구권 사람들은 특히 질병이나 장애와 같이 어쩔 수 없는 상황에 처했을 때 도움을 구하는 것을 모두의 당연한 권리로 여기는 듯합니다. 그래서인지 당당하게 도움을 요청하고 반대로 타인이 도움을 요청했을 때도 거부감 없이 들어주는 것 같습니다. 물론 그렇다고 해서 그들이 아무런 부채감 없이 편안한 마음으로 도움을 요청한다는 말은 아닙니다. 다만 그 정도가 비교적 덜하다는 뜻이지요.

제 경우에는 서로 어느 정도 선에서의 배려를 당연하게 여기는 환경보다는, 힘들어도 꾹 참고 혼자 어떻게든 버티는 환경에 좀 더 익숙한 쪽이라는 생각이 들었어요. 그러던 중 아는 선생님으로부터 "동료의 존재 이유는 누군가 힘들 때 돕기 위함이고,

도움을 구하는 것은 부끄러운 일도 잘못된 일도 아니다."라는 이야기를 들었습니다. 머리로는 알고 있었지만 직접 귀로 들으니 왠지 용기가 났습니다. 다시 생각해 보니 결국 내가 망설였던 가장 큰 이유는 '주변 사람들이 나를 무능하고 징징대는 사람으로 볼 것 같아서'였습니다. 도움을 구하는 순간, 나의 약점이 세상에 드러나고 동료들의 기대를 저버릴 것만 같다는 두려움이 마음속에 크게 자리하고 있었던 것이죠.

도와 달라는 말을 해야 하는 상황인 만큼 사람들 눈에 약한 인간으로 보일 거라는 두려움과, 겉보기와 다른 나의 속사정을 알려야 한다는 데서 밀려오는 민망함은 어쩌면 자연스러운 현상입니다. 약해 보이면 안 된다는 암묵적인 규칙이 지배하는 사회에서 나약한 소리를 하기란 여간 어려운 일이 아니거든요. 그러다 보니 많은 사람들이 두려움과 민망함의 벽을 넘지 못하고, 도움 줄 사람이 바로 옆에 있어도 도움을 구하는 데 실패합니다.

잘 모르는데 질문하기 두려워서 적절한 도움을 받지 못하고 넘어가는 행위 때문에 치러야 할 사회적 비용은 절대 적지 않을 거예요. 주변에 이런 이유로 도움조차 요청하지 못하는 사람은 없는지 살펴보는 것도 좋을 듯싶습니다. 부끄러워할 필요 없다고,

우리 모두 언젠가는 도움을 요청해야 하는 어려운 상황에 부닥칠 것이고 그건 네 잘못도 내 잘못도 아닌 자연스러운 일이라고 서로에게 말해 보면 어떨까요?

## 자랑하지 않아야 행복하다

이번에는 사람들이 학교나 직장, 가정에서 반드시 마주하게 되는 비교에 대해 이야기해 봅시다. 북유럽에 있는 핀란드는 벌써 수년째 행복과 관련한 여러 조사에서 1위를 유지하고 있는 나라입니다.[6] 핀란드 사람들은 왜 이렇게 행복할까요? 그 이유에 대해 전문가들은 다양한 의견을 제시하고 있는데 몇 가지 공통적으로 언급되는 것이 바로 '자신의 행복을 자랑하지 않는 것', '사회적 비교가 심하지 않은 것', 또 '사회적social, 잠재적potential, 정신적psychological 자유도freedom가 높은 것'입니다.

〈사이언티픽 아메리칸 마인드*Scientific American Mind*〉에 실린 기사에 의하면, 핀란드 사람들은 행복의 중요성을 일부러 이야기하지 않고 자신이 행복하다는 것을 자랑하지 않는 편입니다.

여러 나라에서 사람들은 실제 자신의 삶과 상관없이 SNS에 행복해 보이는 모습만 올리면서 '완벽한 삶'을 사는 것처럼 보이려고 애씁니다. 하지만 실제 삶에는 즐거운 순간뿐만 아니라 슬프고 외롭고 불안한 순간도 있지요. 그러나 어째서인지 이런 모습은 숨긴 채 마치 즐거운 일만 있는 것처럼 서로서로 행복을 자랑하고 있지요.

어쩌면 여러 문화권에 존재하는, 좋은 사람에게는 좋은 일만 생기고 나쁜 사람에게는 나쁜 일만 일어난다는, 공정한 세상에 대한 믿음 때문인지도 모르겠어요. 인생을 잘 살고 열심히 노력했다면 행복할 텐데, 그렇지 않다는 것은 노력하지 않았거나 멍청한 선택을 했다고 보는 것이지요.

그러나 불행은 어느 날 갑자기 찾아오기도 하고, 타고난 배경이나 사회 문화적 배경 때문에 생기기도 합니다. 행복은 개인의 노력으로 성취하는 것이라는 생각이, 삶의 다양한 문제를 개인의 잘못으로 여기도록 만드는 것이지요. 행복하지 않은 삶이 개인의 잘못인 것처럼 비난하는 사회에서 불행은 자연히 숨겨야 할 치부가 됩니다.

체면 문화face culture, 즉 자기 삶을 결정하는 데 타인의 시선을 지나치게 신경 쓰는 문화도 행복을 자랑하는 분위기를 만듭니다. 자신과 타인을 비교하는 사람들은 실제로 자기 삶의 만족도 못지않게 타인이 내 삶을 어떻게 보는지가 삶의 만족도를 결정하는 데 큰 영향을 미치기 때문입니다. 내 삶에 아무 문제가 없어도 다른 사람이 나보다 잘 산다고 생각되면 갑자기 (가짜) 위기감을 느끼고 쉽게 불행을 느끼는 것이죠.

여기에 체면을 중시하는 문화가 더해지면 사람들은 실제로 잘 사는 것보다 남들 눈에 잘 사는 것처럼 '보이는' 것을 더 중시하게 됩니다. 그 결과 자신이 진짜로 원하는 것이 무엇인지 생각할 기회도 갖지 못한 채 사람들이 말하는 성공한 삶의 기준인 좋은 학교, 직장, 결혼 등 남의 기준을 좇게 됩니다. 멀쩡하게 잘 사는 듯 보이지만 정작 자신이 원하는 게 무엇인지 모르는 사람들로 가득한 사회가 될 수도 있어요.

타인과의 비교가 심하고 타인의 시선을 중시하는 사회에서는 개인의 자유가 낮을 수밖에 없습니다. 로테르담에라스무스 대학교의 심리학자 가일 브륄Gaël Brulé에 의하면, 자유에는 크게 사회적social·잠재적potential·정신적psychological 자유가 있습니다.[7] 사회적 자유란 다른 이들의 간섭 없이 자신의 직업, 결혼 등을 스스로 결정할 수 있는 환경을 말하고, 잠재적 자유란 미래에 자신이 원하는 선택지를 고를 수 있는 선택의 자유를 말합니다. 마지막으로 정신적 자유란 낮은 자존감이나 다른 사람들의 의견을 따르며 동조하는 마음에서 벗어나 자유롭게 자신이 원하는 삶을 살아갈 수 있는 자유를 말해요. 예컨대 모두가 짜장면을 시킬 때 혼자 누룽지탕을 시킬 수 있는 용기라고도 할 수 있어요.

브륄의 연구에 의하면, 이 세 가지 자유는 행복감을 느끼는 정도, 즉 행복도와 강한 상관성을 보였고, 핀란드 사람들의 경우 같은 유럽의 프랑스 사람들보다 자유도가 더 높은 것으로 나타났습니다. 한국은 GDP 수준이 비슷한 다른 나라들에 비해 상당히 불행한 나라로 널리 알려져 있어요. 자랑하고 과시하는 문화와 다른 사람보다 높은 존재가 되고자 하는 우월성에 대한 집착, 끊임없는 비교와 체면치레, 자신과 타인을 계속해서 자로 재고 평가하는 시선, 사회적 통념에서 벗어나 원하는 대로 사는 사람들을 용인하지 않는 경직성과 낮은 관용 등이 행복도를 낮추는 원인이겠지요.

행복의 비결은 만족하는 데 있습니다. 나의 약점을 감추고 잘 보이려 애쓰기보다 '지금 이 순간'에 집중하며 작은 행복을 만끽

moo
min

하는 것만이 '이 정도면 괜찮은 삶'이라는 생각을 갖게 해 줍니다. 겉으로 보이는 조건이나 사회적 기준에 대한 걱정 때문에 내 앞에 놓인 삶에 충실하지 못하다면 내 삶을 진짜로 사는 것조차 불가능해집니다. 자랑하지 않고 시기하지 않으며 내게 주어진 시간에 감사하면서 겸손한 삶을 산다면 자연스레 세상 누구도 부럽지 않은 사람이 될 거예요.

## 끌어내리기보다 함께 성장하기

하루하루 살다 보면 안타깝게도 좋은 관계를 만들면서 사랑하고 사랑받기보다, 타인을 끌어내림으로써 자신의 존재 가치를 확인하려는 상황을 마주하곤 합니다. 가령 수학 성적이 좋은 것은 내가 노력했기 때문이고, 영어 성적이 나쁜 것은 선생님의 수업 방법이 잘못되었거나 시험 문제가 이상했기 때문이라는 A, 남몰래 작가를 꿈꾸었지만 우연히 가장 친한 친구가 작가로 등단했다는 소식에 왠지 글에 대한 애정이 떨어진 B, 아는 사람이 높은 자리에 있다고 과시하거나 유명인과의 친분을 과시하기 좋아하는 C가 있습니다.

다들 한 번쯤 이런 사람을 만난 적이 있을 거예요. A처럼 긍정적인 자아상을 유지하기 위해 유리한 사실들만 골라서 믿는 것을 '자기 고양적 믿음self-serving belief'이라고 합니다. B처럼 자신이 중요하게 생각하는 영역에서만큼은 비록 친한 친구라 할지라도 더 앞서고 싶어 하는 성향을 '비교를 통한 자존감 유지flattering social comparison'라고 합니다. C처럼 사회적으로 잘나가는 사람과의 친분을 통해 자신도 덩달아 성공한 사람이라고 과시하고자 하는 성향을 '투사된 영광 누리기basking in reflected glory'라고 합니다.

이 세 가지 유형은 흔히 나타나는 자존감 유지 전략입니다. 여기에 한 가지를 더 추가하면 '자기 확인self-affirmation', 즉 자신에게 중요한 가치들을 통해 자신이 어떤 사람인지 재확인함으로써 자존감을 끌어올리는 유형이 있습니다.

사람들이 자존감을 유지하는 방법에 관한 연구로 유명한 심리학자 에이브러햄 테서Abraham Tesser에 의하면, 이 방법들은 서로 보완적이고 교환할 수 있습니다.[8] 그러니까 친구가 나보다 더 잘나간다는 사실을 확인해 긍정적인 내용의 사회적 비교를 유지하는 것이 어려워졌을 경우, 친구의 성공은 순전히 '운'이라고 믿는 자기 고양적 믿음을 보이거나, 또는 자신의 삶에는 여전히 중요한 다른 여러 가치가 존재한다는 사실을 떠올림으로써(자기 확인) 자존감의 위협을 달래는 것이지요.

이렇게 서로 돌려막기(?)가 가능한 자존감 유지 전략을 잘 보여 주는 실험이 있습니다. 친구 둘씩 짝을 지어 총 네 명이 실험에 참가합니다. 참가자 입장에서 보면, 네 명이 있는 그룹 안에 한 명의 친구와 낯선 사람이 둘인 상황입니다.

세 명이 힌트를 주고 나머지 한 사람이 정답을 맞히는 게임입니다. 연구자들은 미리 연습 게임을 통해 친구 둘 중 한 명에게 당신은 단어 게임을 잘 못하는 편이라고 부정적인 평가를 들려줍니다. 여기에 덧붙여 연구자들은 참가자 일부에게는 단어 맞히기 게임이 사회적 성공에 필요한 능력을 보여 준다고 말합니다. 즉 단어 실력이 낮은 사람은 성공 능력이 부족하다는 뜻이므로 자존감에 타격을 입을 수 있죠.

이런 조건을 만든 상황에서 게임을 관찰해 봅니다. 자존감에 타격을 입은 사람들, 즉 단어 맞히기 게임이 사회적 성공에 중요한 능력을 반영한다는 말을 들었고 자신은 단어 실력이 부족하다는 얘기를 들은 사람들은, 단순히 단어 실력이 부족하다는 말만 들은 사람들에 비해 친한 친구에게 더 '어려운' 힌트를 주는 모습을 보였습니다. 자신에게 중요한 무엇을 친구가 나보다 더 잘하게 되면 이미 타격을 입은 자존감에 더 큰 타격이 가기 때문에, 친구의 성과를 끌어내려서라도 긍정적인 내용의 사회적 비교를 유지하려 한다는 것이 심리학자들의 설명입니다.

반대로 자존감에 타격을 입지 않은 참가자들, 즉 단순히 단어 게임 실력이 부족하다는 말만 들은 참가자들은 친구에게 더 쉬운 힌트를 주는 모습을 보였습니다. 하지만 여기에 한 가지 조건을 더 추가해서 '자기 확인'을 한 참가자들, 즉 자기 삶에서 중요한 가치들이 무엇인지 떠올린 참가자들은 굳이 자신을 끌어올리기 위해 친구를 끌어내리는 행동을 보이지 않았어요.

자신이 가치 있는 사람이라고 믿고 싶어 하는 것은 매우 인간적이고 자연스러운 심리입니다. 물론 내가 나에 대해 생각하는 '주관적' 믿음일 뿐이지만 우리는 이 믿음을 긍정적으로 포장하기 위해 온갖 방법을 동원합니다. 하지만 나를 끌어올리기 위해 누군가를 끌어내리는 방법보다는 '자기 확인'처럼 상황 변화에 흔들리지 않는 나만의 중요한 가치관을 찾는 것이 정신 건강과 행복에 더 이로울 것입니다.

또 친구의 성공에 기죽기보다는 "내 친구가 이렇게나 대단한 사람이다!"라며 투사된 영광을 누리는 것도 괜찮은 전략입니다. 친구의 멋진 점을 떠올리며 '이렇게나 대단한 사람이 내 친구라니!' 하고 생각했을 때 느끼는 기쁨도 절대 작지 않으니까요.

성숙한 사람이 된다는 것은 자기 가치감을 유지하는 방법 중에서 비교적 '덜' 파괴적인 방법을 알아 가는 과정입니다. 친구가 어떤 것을 조금 못한다고 해서 가치 없는 인간이 되는 것이 아니듯, 또 그 친구의 사랑스러움이 변하지 않듯, 사람의 가치는 상황에 따라 변하는 게 아닙니다. 나와 너, 우리 안의 변치 않는 무엇을 찾아내는 횟수가 많아질수록 우리는 좀 더 단단한 마음을 가질 수 있을 거예요.

나가며

# 나를 지키는
# 관계 돌봄을
# 선언합니다

내 마음이 불안하고 비뚤어져 있을 때는 친구를 끌어내리면서까지 자존감을 끌어올리려 한다는 연구 결과들만 봐도, 함께 잘 살아가기 위해서는 결국 나를 잘 돌보는 일이 무엇보다 중요하다는 것을 알 수 있습니다. "불행은 동반자를 좋아한다."라는 말처럼 내 마음이 지쳐 있고 일그러진 상태에서는 사랑을 주고받는 일도 쉽지 않으니까요. 그래서 누구보다 먼저 내 마음을 돌보고, 내가 지치지 않는 선에서 타인을 배려하는 적절한 균형이 필요합니다.

프랑스의 철학자 사르트르는 "타인은 지옥이다."라고 말했습니다. 아마도 지옥이 있다면, 작은 방에서 타인과 한시도 떨어지지 않은 채 먹지도 자지도 않고 서로를 의식하며 영원한 시간을 보내는 형태일 거라는 상상에서 나온 말이지요. 아무리 친한 사이라도 그 사람과 단 1초도 떨어지지 않고 밥 먹고, 씻고, 심지어 화장실에 갈 때도 함께여야 하는 상황이라면 숨이 막히지 않을까요? 정말 지옥처럼 느껴질 것 같아요.

실제로 적극적인 사회생활뿐만 아니라, 타인의 '존재' 자체가 상당한 에너지 소모를 일으킨다는 연구들이 있어요. 인간의 뇌는 타인의 표정과 시선, 감정 등을 감지하는 데 특화되어 있어서 우리 뇌는 내가 의식하지 못하는 사이에 각종 사회적 단서들을 수집하고 퍼즐 맞추기를 합니다. 짧은 시간 안에 주어진 정보로 눈앞의 사람이 어떤 사람일지 판단해 0.03초 안에 첫인상을 형성하고, 눈앞의 사람이 어떤 생각을 하고 있는지 마음을 읽고, 이 사람이 나를 어떻게 생각하고 있는지 추론해 자기를 검열하고 행동을 조절하는 것이죠.

타인이 존재하는 한, 우리는 단 한시도 눈치 보기를 멈추지 않고 마치 셜록 홈스처럼 열심히 탐정 놀이를 합니다. 그것은 주의력, 논리력, 추론 능력 등 매우 수준 높은 인지 능력을 요구하는 과정인데요, 동물과 달리 인간의 뇌가 유독 발달한 이유도 사회생활을 잘 해내기 위해서라고 보는 학자들이 많습니다.

즉 우리는 밥 먹듯이 타인의 눈치를 살피고 서로 신경 쓰면서 온갖 고급 능력들을 전부 동원하기 때문에 타인과 함께 있는 일은 결코 '쉬운' 일은 아니라는 뜻이에요. 타인을 신경 쓰면서 항상 에너지를 소모하는 것은 사회적 동물로서 짊어져야 하는 숙

명이라고나 할까요.

한 사람을 대할 때에도 이처럼 복잡한 뇌 기능이 작동하기 때문에 여러 사람을 동시에 신경 쓰다 보면 금세 피곤해지는 게 당연합니다. 아무리 뛰어나고 좋은 기계도 계속해서 돌리면 금방 망가지듯 말이지요.

결국 인간관계에서도 선택과 집중이 중요한 과제가 됩니다. 세상 모든 일을 다 잘할 수 있다면 좋겠지만, 시간도 자원도 노력도 무한정 쓸 수 있는 것이 아니므로 인간관계에서도 현실적인 목표 설정과 적당한 노력이 필수라고 할 수 있어요. 그러니까 '나는 왜 모두를 다 챙기지 못하는 걸까?' 같은 고민이나 자책은 일단 접어 두기로 해요. 인간이라면 모두 다 그러니까요.

모두에게 똑같이 다 잘하는 것이 비현실적인 목표임을 깨닫고 현실적인 목표를 설정하는 것만큼이나, '잘한다'는 기준을 수정하는 것도 좋은 방법입니다. 흔히 그 사람의 모든 것을 속속들이 아는 끈끈한 관계를 좋은 관계의 기준으로 삼곤 합니다. 하지만 앞서 살펴봤듯이 삶의 질에 정말로 도움 되는 관계의 특성은 사람마다 모두 다릅니다. 어떤 사람은 매우 친밀해야 할 것 같은 연인 관계에서도 적당한 거리와 자기만의 공간이 필요하다고 여기고, 이 경계를 침범당했다고 느낄 때 행복도와 관계 만족도가 떨어지는 모습을 보이는 것처럼요.

사람마다 기초 대사량이 다르듯, 삶의 질을 유지하는 데 필요한 '적정 인간량'도 다릅니다. 예를 들면 어떤 사람은 하루에 열 명쯤 만나야 외롭지 않고, 어떤 사람은 일주일에 한두 명만으로도 충분하다고 말합니다. 이렇듯 그 기준이 저마다 다르기 때문에 내가 생각하는 친밀함이나 좋은 관계의 기준을 모두에게 똑같이 적용하는 것도 누군가에겐 큰 부담이나 스트레스가 될 수 있습니다.

1년에 한두 번 안부 인사만 나눠도 좋은 관계가 있고, 가끔 만나서 맛있는 음식을 먹으러 다니는 관계도 있습니다. 그런가 하면 속마음까지 다 내비치며 서로 의지하는 관계도 있지요. 즉 인간관계에도 다양성이 필요해요.

다행히도 건강이나 경제적 문제처럼 객관적인 조건이 비슷하게 유지된다면 나이가 들수록 대체로 행복해진다는 연구 보고가 있습니다. 그 비결은 나이가 들수록 자신과 잘 맞는 사람과 그렇지 않은 사람을 지혜롭게 '가지치기'함으로써 모든 관계에 지나치게 애쓰지 않게 되기 때문이라고 해요. 나를 중심으로 관계를 돌보고 살피며 더 나은 인간관계를 위해 가지치기를 하는 셈이죠. 나이가 들고 경험이 쌓일수록 인간관계에서 선택과 집중의 지혜가 쌓인다는 게 참으로 다행스럽다는 생각이 듭니다.

만약 여러분이 지금 인간관계 때문에 지쳐 있다면 내게 필요한 가지치기는 어떤 것인지 생각해 보는 것도 좋아요. 힘들면 잠시 쉬면서 재충전하고 재정비한 뒤에 천천히 나아가면 됩니다. 그래도 괜찮습니다. 인생은 단거리 경주가 아닌 마라톤이니까 인간관계도 내가 원하는 페이스대로 찬찬히 나아가면 됩니다.

SLO
SLOW
SL
SLOW
LOWLY
SLOWLY
SLOWL MARATHON SLOWL MARATHON SLOWL MA

## 참고 문헌

### Part 1: 서로의 경계를 존중하는 관계 가꾸기


1 Leary, M. R., & Leder, S. (2009). The nature of hurt feelings: Emotional experience and cognitive appraisals. In A. L. Vangelisti (Ed.), *Feeling hurt in close relationships* (pp. 15–33). New York, NY: Cambridge University Press.

2 Frost, D. M., & Forrester, C. (2013). Closeness discrepancies in romantic relationships: Implications for relational well-being, stability, and mental health. *Personality and Social Psychology Bulletin*, 39, 456-469.

3 Frost, D. M., & LeBlanc, A. J. (2022). The complicated connection between closeness and the quality of romantic relationships. *Journal of Social and Personal Relationships*, 39, 1237-1255.

4 Finkel, E. J., Slotter, E. B., Luchies, L. B., Walton, G. M., & Gross, J. J. (2013). A brief intervention to promote conflict reappraisal preserves marital quality over time. *Psychological Science*, 24, 1595-1601.


### Part 2: 해로운 관계를 거절하세요


1 McNulty, J. K., & Russell, V. M. (2016). Forgive and forget, or forgive and regret? Whether forgiveness leads to less or more offending depends on offender agreeableness. Personality and Social Psychology Bulletin, 42, 616-631.

2 Gaither, S. E., Fan, S. P., & Kinzler, K. D. (2019). Thinking about multiple identities boosts children's flexible thinking. Developmental Science, 23, e0012871.

3 Buckels, E. E., Trapnell, P. D., Andjelovic, T., & Paulhus, D. L. (2019). Internet trolling and everyday sadism: Parallel effects on pain perception and moral judgment. *Journal of Personality*, 87(2), 328-340.

4 한국여성의전화.(2023년 3월 7일) 2022년 분노의 게이지 언론 보도를 통해 본 친밀한 관계의 남성 파트너에 의한 여성 살해 분석. https://hotline.or.kr:41759/board_statistics/76840?ckattempt=1

5 Johnson, M. P., & Ferraro, K. J. (2000). Research on domestic violence in the 1990s: Making

distinctions. *Journal of Marriage & the Family*, 62(4), 948–963.

6 Raven, B. H. (1992). A power/interaction model of interpersonal influence: French and Raven thirty years later. *Journal of Social Behavior & Personality*, 7(2), 217–244.

7 Dutton, M. A., & Goodman, L. A. (2005). Coercion in intimate partner violence: Toward a new conceptualization. *Sex Roles*, 52, 743-756.

8 Stith, S. M., Smith, D. B., Penn, C. E., Ward, D. B., & Tritt, D. (2004). Intimate partner physical abuse perpetration and victimization risk factors: A meta-analytic review. *Aggression and Violent Behavior*, 10, 65-98.

9 Smith, D. L. (2008). Disability, gender and intimate partner violence: Relationships from the behavioral risk factor surveillance system. *Sexuality and Disability*, 26, 15-28.

10 Golding, J. M. (1999). Intimate partner violence as a risk factor for mental disorders: A meta-analysis. *Journal of Family Violence*, 14, 99-132.

11 Bonomi, A. E., Thompson, R. S., Anderson, M., Reid, R. J., Carrell, D., Dimer, J. A., & Rivara, F. P. (2006). Intimate partner violence and women's physical, mental, and social functioning. *American journal of Preventive Medicine, 30,* 458-466.

12 Finkel, E. J., & Eckhardt, C. I. (2013). Intimate partner violence. In J. A. Simpson & L. Campbell (Eds.), *The Oxford handbook of close relationships* (pp. 452–474). New York, NY: Oxford University Press.

13 Kaufman Kantor, G., Jasinski, J. L., & Aldarondo, E. (1994). Sociocultural status and incidence of marital violence in Hispanic families. *Violence and Victims*, 9, 207–222.

14 Goodwin, R., Graham, J., & Diekmann, K. A. (2020). Good intentions aren't good enough: Moral courage in opposing sexual harassment. *Journal of Experimental Social Psychology*, 86, 103894.

15 Drury, J., Cocking, C., & Reicher, S. (2009). The nature of collective resilience: Survivor reactions to the 2005 London bombings. *International Journal of Mass Emergencies and Disasters*, 27(1), 66-95.

16 UC Davis Health, Domestic Violence & Abuse.

## Part 3: 나는 왜 타인에게 휘둘릴까?

1 Smith, M. M., Sherry, S. B., Vidovic, V., Hewitt, P. L., & Flett, G. L. (2020). Why does perfectionism confer risk for depressive symptoms? A meta-analytic test of the mediating role of stress and social disconnection. *Journal of Research in Personality*, 86, 103954.

2 Murray, S. L., Bellavia, G. M., Rose, P., & Griffin, D. W. (2003). Once hurt, twice hurtful: How perceived regard regulates daily marital interactions. *Journal of Personality and Social Psychology*, 84(1), 126–147.

3 Zimet, G. D., Dahlem, N. W., Zimet, S. G., & Farley, G. K. (1988). The multidimensional scale of perceived social support. *Journal of Personality Assessment*, 52(1), 30-41.

4 Fletcher, G. J. O., & Kerr, P. S. G. (2010). Through the eyes of love: Reality and illusion in intimate relationships. *Psychological Bulletin*, 136(4), 627–658.

5 Slivjak, E. T., Pedersen, E. J., & Arch, J. J. (2022). Evaluating the efficacy of common humanity-enhanced exposure for socially anxious young adults. *Journal of Anxiety Disorders*, 87, 102542.

## part 4: 우리가 정말 친해질 수 있을까?

1 Pinel, E. C., Yawger, G. C., Long, A. E., Rampy, N., Brenna, R., & Finnell, S. K. (2017). Human like me: Evidence that I-sharing humanizes the otherwise dehumanized. British Journal of Social Psychology, 56(4), 689-704. https://doi.org/https://doi.org/10.1111/bjso.12209

2 Aron, A., Aron, E. N., & Smollan, D. (1992). Inclusion of other in the self scale and the structure of interpersonal closeness. *Journal of Personality and Social Psychology, 63*(4), 596-612.

3 Baron-Cohen, S., Leslie, A. M., & Frith, U. (1985). Does the autistic child have a "theory of mind"? Cognition, 21, 37-46.

4 Hamilton, A. F. d. C., Brindley, R., & Frith, U. (2009). Visual perspective taking impairment in children with autistic spectrum disorder. Cognition, 113(1), 37-44.

5 Repacholi, B. M., & Gopnik, A. (1997). Early reasoning about desires: Evidence from 14-

and 18-month-olds. *Developmental Psychology*, 33(1), 12–21.

6 Gable, S. L. (2019). Close relationships. In E. J. Finkel & R. F. Baumeister (Eds.), *Advanced social psychology: The state of the science* (pp. 227–248). Oxford: Oxford University Press.

## part 5: 나를 지키며 좋은 친구가 되는 법

1 Boothby, E. J., & Bohns, V. K. (2021). Why a simple act of kindness is not as simple as it seems: Underestimating the positive impact of our compliments on others. *Personality and Social Psychology Bulletin*, 47(5), 826–840.

2 Maisel, N. C., & Gable, S. L. (2009). The paradox of received social support: The importance of responsiveness. *Psychological Science*, 20(8), 928–932.

3 Shu, J., Bolger, N., & Ochsner, K. N. (2020). Social emotion regulation strategies are differentially helpful for anxiety and sadness. Emotion. Advance online publication

4 Zee, K. S., & Bolger, N. (2019). Visible and Invisible Social Support: How, Why, and When. Current Directions in Psychological Science, 0963721419835214.

5 Girme, Y. U., Overall, N. C., & Hammond, M. D. (2019). Facilitating autonomy in interdependent relationships: Invisible support facilitates highly avoidant individuals' autonomy. Journal of Family Psychology, 33(2), 154–165.

6 Martela, F. (2018). Finland Is the Happiest Country in the World, and Finns Aren't Happy about It: They tend to downplay positive emotions, which could paradoxically increase their satisfaction with life. Scientific American Mind, 29(4), 44–46. https://www.jstor.org/stable/27172929

7 Brulé, G., & Veenhoven, R. (2014). Freedom and happiness in nations: why the Finns are happier than the French. *Psychology of Well-Being*, 4(1), 17. doi:10.1186/s13612-014-0017-4

8 Tesser, A. (2001). On the plasticity of self-defense. *Current Directions in Psychological Science*, 10(2), 66-69.

휘둘리지 않고 서로의 경계를 지키는 법

# 나는 나를 지킵니다

**초판 1쇄 펴낸날** 2024년 2월 29일
**초판 3쇄 펴낸날** 2024년 11월 4일

**지은이** 박진영
**펴낸이** 홍지연

**편집** 홍소연 이태화 김선아 김영은 차소영 서경민
**디자인** 이정화 박태연 박해연 정든해
**마케팅** 강점원 최은 신종연 김가영 김동휘
**경영지원** 정상희 여주현

**펴낸곳** (주)우리학교
**출판등록** 제313-2009-26호(2009년 1월 5일)
**제조국** 대한민국
**주소** 04029 서울시 마포구 동교로12안길 8
**전화** 02-6012-6094
**팩스** 02-6012-6092
**홈페이지** www.woorischool.co.kr
**이메일** woorischool@naver.com


ISBN 979-11-6755-254-9 43180

• 책값은 뒤표지에 적혀 있습니다.
• 잘못된 책은 구입한 곳에서 바꾸어 드립니다.

**만든 사람들**
**편집** 이태화
**디자인** 정든해